牛津非常短講 018

# 冷戰
# Cold War

A VERY SHORT INTRODUCTION

羅伯特·麥馬洪——著
Robert J. McMahon
黃中憲——譯　陳冠任——引言　洪廣冀——系列總引言

# 目　次

系列總引言

# 來吧，來認識「周遭」：二十一世紀的環境課

洪廣冀｜臺灣大學地理環境資源學系副教授

《二十一世紀的環境課》包含六個主題，同時也是六本小書，分別是《生物地理學》、《入侵物種》、《火》、《都市計劃》、《人口學》與《冷戰》。這是左岸文化編輯室為台灣讀者精心構思的課程，也是繼《二十世紀的主義們》、《二十一世紀的人生難題》後的第三門課。

《二十一世紀的環境課》的六本指定閱讀均出自牛津大學出版社的Very Short Introduction書系。如書系名所示，這些書都非常短，文字洗鍊，由各領域的中堅學者撰寫，如同進入各領域的敲門磚或拱心石（keystone）。

在規劃《二十一世紀的環境課》時，編輯室聘請優秀譯者翻譯，同時也為每本書找了專業審定者，並請他們撰寫導讀。審定者與導讀者都是一時之選；如《生物地理學》是由《通往世界的植物》、《橫斷臺灣》的作者游旨价翻譯與導讀，《入侵物種》則是中山大學的生物學者顏聖紘、《人口學》是政治大學社會學者鄭力軒、《火》為生物多樣性研究所的生物學家林大利、《都市計劃》為成功大學都市計劃學系的黃偉茹、《冷戰》為中研院近史所的陳冠任。在閱讀《二十一世紀的環境課》六本小書時，搭配這些由名家撰寫的導讀，讀者不僅可以很快進入各書主題，更可藉此思考這些主題與台灣的關係。

我是個環境史研究者，一直在臺灣大學地理環境資源學系開設環境史及科技與社會等相關課程。跟編輯幾次交流，並詳讀她規劃的六本指定閱讀後，我深受啟發，也想把這堂課推薦給各位。

## 什麼是「環境」？

既然這門課叫做「二十一世紀的環境課」，我想我就從「環境」（environment）這個關鍵字開始。

艾蒂安・本森（Etienne S. Benson）是一位環境史家，目前擔任德國馬克斯普朗克科學史研究所的所長。二〇二〇年，他出版《周遭：環境與環境主義的一段歷史》（*Surroundings: A History of Environments and Environmentalisms*）。當中，他拋出一個很有意思的問題：到底什麼是環境（environment）？為什麼人們不乾脆用「自然」（nature）就好？環境，顧名思義，就是周遭（surroundings）的意思；若是如此，人們是在什麼時候意識到的此「周遭」的重要性？環境是透過什麼樣的科學實作（如觀察、測量、監測）而成為一個人們可以與之互動的「東西」？

本森表示，環境史研究者花了很多時間探討環境主義的起源、自然的含義、不同政治與社會制度對於環境的影響，但他們彷彿把「環境」當成不證自明的「背景」。本森認為，在英文的科學文獻中，環境一詞在十九世紀下半葉大量出現；用來指涉生物（organism）得面對與適應的外在限制。以社會達爾文主義（social Darwinism）聞名的社會理論家赫伯特・史賓賽（Hebert Spencer）便是這樣看待環境。本森認為，這是個值得注意的現象。在史賓賽及其同代人之前，人們會使用「環境」這個字，但少有自然哲學家（natural philosophers，類似今日的科學家）會把這個詞當成一回事。對他們而言，環境就是某種可有可無、邊邊角角的存在。

本森認為，即便環境在十九世紀下半葉大量出現在英文科學文獻中，但此現象仍有其「前史」。他指出，關鍵在於十八世紀末至十九世紀初博物學（natural history）的急遽發展，特別是以巴黎自然史博物館為中心的「功能式」（functional）博物學。此博物學的奠基者為居維葉（Georges Cuvier，1769–1832）。拜拿破崙之賜，當時的法國是個不折不扣的帝國，而巴黎自然史博物館是個為帝國服務、清點帝國究竟掌握多少資源的計算中心。居維葉發展出一種新穎的分類法，即從器官（organ）的型態與彼此的關係出發，探討其功能，說明由器官構成的生物（organism）如何地適應環境。本森指出，即是在此氛圍下，環境再也不被視為背景或脈絡，反倒是生物得去試著適應的對象，且此適應也會表現在器官的型態與器官間的關係上。

事實上，本森指出，英文的環境，即environment，本來就是法文。即便當時的法國人傾向使用milieu一詞，但environment一詞就此傳播開來。他也認為，環境一詞歷經熱帶醫學、生態學、生物圈、系統科學等學科的洗禮與洗練，經歷百餘年的演化後，於一九七〇年代被卡森（Rachel Carson，1907–1964）等生態學者援用，於《寂靜的春天》（*Silent Spring*，1962）等暢銷書中賦予更深遠的意義。時至今日，當我們提到環境時，我們不會認為這只是個背景或脈絡，反倒是與生命緊密相連、息息相關的「周遭」。此「周遭」包覆著人與其他的生命；有了此「周遭」的存在，人與其他的生命也彼此相連，形成環環相扣的整體。

## 六個子題

《二十一世紀的環境課》共有六堂課，每堂課都有一本指定閱讀。透過這六本書，我們可以掌握環境一詞的歷史演變：在面對當代環境議題時，我們也需要具備的概念與實作技巧。

第一門課是《生物地理學》。生物地理學是一門探討生物之空間分布的學問，為理解演化生物學與生態學的鑰匙。人們一度相信，物種之分布呈現造物者的「計畫」；在此視野下，物種與環境如同造物者的棋子與棋盤。生物地理學的興起挑戰這樣的見解。當造物者逐漸隱身的時候，就是環境與物種的「能動性」浮現於歷史舞臺之時。我們將探討當代生物地理學主要取向與研究方法，也會了解當代生態保育的核心概念與手段。

第二門課是《入侵物種》。為何某些物種會被視為「入侵」？在本堂課中，各位將學到，「入侵物種」不是個不證自明的類別，既牽涉到人類之於特定生態系的破壞、眾多政策的非預期後果、商業與貿易網絡的擴張等。要了解什麼是入侵物種，並進而防治它，減低對特定生態系的危害，我們得同時採用生態系經營的視野，輔以人文社會科學的分析與政策工具。「入侵物種」同時也帶出當代環境倫理的思考。到底哪些物種算是「原生」，哪些又是入侵？若遷徙與越界本來就是生命的常態，我們該如何劃下那條分開原生與入侵種的界線？到頭來，這些議題都牽涉到，同樣為生物體的人們，究竟活在什麼樣的環境中，且如何照料與我們同處在同一個環境中的非人物種，反思我們與這些非人的關係。

第三門課為《火》。火是一種能量的形式，是人類得以打造文明的開端，同時也是對人類文明的莫大威脅。火本身乃至於火營造的環境，同時也是眾多生靈得以落地生根的關鍵因素。人乃至於其他生物與火的關係為何？火之於特定生態系的作用為何？人該如何駕馭火，該駕馭到什麼程度？太陽是團火，生命其實也如同火；因人類活動而誘發的氣候變遷，也開始讓地球如同著火般地燥熱。環繞在火而展開的「火成生態學」、「火成多樣性」與氣候變遷生態學，是當代環境管理的新視野。這門課將帶領各位一窺這些新興領域的堂奧。

第四門課為《人口學》。論及環境思潮的發展，十九世紀中葉的「達爾文革命」是個重要的分水嶺。然而，少為人知的是，在提出演化論時，達爾文重要的靈感來源為英國政治經濟學者馬爾薩斯的人口學。馬爾薩斯的見解很簡單：人口是以等比級數增長，糧食則為等差級數，即糧食的稀缺是必然的，人口也必然面臨貧窮與饑荒等危機。二戰後，當環境學者在思考該如何保護環境時，「人口炸彈」同樣為重要的參考對象。換言之，人口學與環境科學可說是一枚銅板的兩面。

這是為什麼我們得多了解一些人口學的核心概念與研究方法。在本堂課中，我們會學到人口轉型理論的梗概、高齡化社會的挑戰、移民、世代公平等議題。人口結構涉及面向之廣，從社會、文化、經濟、科技至氣候變遷，都與人口學息息相關。我們也將學到，人口學處理的不是只有數據，得出的結果也不是只有繪製人口金字塔；如《人口學》一書的結論所示：唯有正視人口結構與地球資源的限度，我們才能規劃與期待更為公義與永續的未來。

第五門課為《都市計劃》。隨著人口增加與工業發展，都市成為人類生活的主要環境。與之同時，都市生態學者也告訴我們，都市也成為眾多野生動物的棲地。在二十一世紀的今日，郊狼不只出沒於沙漠與山區，更活躍於中央公園、芝加哥與洛杉磯等大都市。當代的都市計劃已不能只針對人，還有各式各樣的非人物種。但要如何著手？若都市並非全然「不自然」，反倒是人為與自然交會的複合場域，我們要如何重新思考都市、都市的生活韌性與空間正義等議題？《都市計劃》帶領讀者回溯這個學科的起源與發展，同時也為如此介於自然與人為、集結人與非人的新都市，提供了可能的規劃視野。

第六門課為《冷戰》。我們迎來《二十一世紀的環境課》的最後一課。狹義地說，冷戰係指一九四五年二戰結束後，美國與蘇聯在政治體制、經濟模式、價值觀與意識形態上的深層對抗，這場衝突雖然未全面爆發為熱戰，卻長達近半世紀，深刻地形塑了全球局勢的樣貌與分布。藉由閱讀《冷戰》，我們將學到，冷戰不只是兩大陣營之間的軍事與外交對峙，更是一場全面滲透政治、經濟、文化與科學領域的「地球尺度」之戰。透過氣象衛星、全球監測網絡、糧食技術、人口政策等手段，美國與蘇聯試圖在各地建立其秩序與影響力。環境治理、資源開發、甚至公共衛生與教育制度都成為意識形態較勁的延伸場域。

事實上，正是在冷戰的氛圍中，「環境」一詞被賦予了今日我們熟悉的意義。若沒有冷戰誘發的軍事與太空競賽，我們難以從太空中望著地球，在感嘆這顆藍色星球是多美的同時，焦慮著這個乘客數量急速爆炸的太空船，是如此的岌岌可危。環境研究者也不會有諸如同位素、地理定位系統（geographical positioning system, GPS）等工具，以超越人類感官的精細度，探索超越人類可以理解的龐大環境，並建構當中的運作機制。當代對環境的認識可說是某種「冷戰遺產」；雖說冷戰已經遠颺，但各式各樣新型態的戰爭（如資訊戰）卻彷彿成為人們的新日常。我們需要新的環境見解；回望冷戰與冷戰帶動的社會、經濟、文化與生態變遷，是二十一世紀環境課的結束，同時也是我們掌握下一個世紀的起點。

## 認識周遭

從《生物地理學》至《冷戰》，《二十一世紀的環境課》的六門課程環環相扣，直指環境是什麼，如何從原本的「背景」、「脈絡」與「周遭」演化為我們現在理解的環境。你或許會說，我本身是學人文社會或自然科學的，到底為什麼需要修這堂「環境課」？對此，容我回到環境這個詞的原意：周遭與包圍。

為什麼我們需要關注環境，環境一詞又如何脫穎而出，成為當代世界的關鍵詞？關鍵或許在於人想要了解自己的渴望。當我們了解周遭的山岳、河川、空氣、森林、動物與植物等，不再是位於某處等著我們去「發現」或「征服」的「自然」，反倒是一床輕薄的棉被，包裹著我們，我們自然而然地想要珍惜它，回味它為身體帶來的觸感，乃至於那種被抱著的親密感。我們也會想問，這個被環境包裹著的你我，究竟是什麼樣的存在。我想起了地理學者喜歡講的一則希臘神話。Chthonia是大地女神，嫁給了宙斯。在迎娶Chthonia時，宙斯將一塊他親自織成的布（pharos）披在她身上。這塊布上繪有陸地與海洋的圖像，而Chthonia也在這過程中逐漸成形，成為孕育陸地與海洋萬物的身體。她從原初的未定形狀，化為大地與生命的來源，最終轉化為蓋婭（Gaia），也就是萬物之母。

地理學者愛這個故事，因為這塊pharos後來有個正式名稱：mappa mundi，即世界地圖。

根本上，這是個發現土地、認識土地的故事，而這個過程需要地圖，同時也產製了更多地圖。期待《二十一世紀的環境課》可以是這樣的地圖。你不是按圖索驥地去發現環境，因為環境就不是躺在某處、等著你去發現的「物」。如同宙斯的pharos，這六冊書讓你想認識的環境有了更清楚的形體，讓你得以在當中徜徉與探索。當你歸來時，你將感到環境離你更近了一些，成為了你的「周遭」。你雀躍著，你想念著一趟趟旅程為你帶來的啟發，開始規劃下一趟旅程。

# 引言
# 為什麼討論「冷戰」對台灣很重要？

陳冠任｜中央研究院近代史研究所助研究員

「喔！你是歷史學家啊，那你可以多說點你的研究主題嗎？」在前往哥本哈根機場的車上，司機充滿好奇地問著我。「冷戰，特別是在東亞的冷戰。」我以為這樣的回答已經可以滿足司機的好奇心，但是他下一個問題卻讓我有點不知所措：「在東亞有冷戰嗎？你說你來自台灣，我知道那是一個美麗的島嶼。如果在東亞有冷戰的話，那能否多說些台灣與冷戰的關係？」對丹麥人而言，「冷戰」也許就是美蘇兩大國之間的競爭，而關於冷戰的歷史記憶，早就深埋於Rødvig的地下堡壘之中。短短的車程讓我無法好好回答司機的問題，但是，他的問題卻讓我一直思考：為什麼他會這樣問？以及我要如何簡單扼要地闡述台灣與冷戰的關係？ 透過左岸文化出版《冷戰：牛津非常短講》之際，我有機會得以重新梳理這些問題。

冷戰是美國與蘇聯在政治、體制、經濟、價值觀以及意識形態上相互競爭，進而導致雙方在國際政治上長期對峙的狀態。冷戰研究早在一九五〇年代起便已展開。「正統理論」（orthodoxy）學者認為冷戰的起源歸咎於蘇聯的獨裁體制，而美國則是被迫為了民主自由而戰，所以造就了爾後的冷戰格局。一九六〇至七〇年代以後，學界對於正統理論進行了修正。「修正理論」（revisionism）的學者解釋冷戰的起源並非蘇聯單方面的責任，美國資本家企圖對外擴張，在全球建立獨占性的經濟霸權亦為冷戰格局形成的原因之一。隨著檔案的開放，自一九八〇年代起，學者對於上述的理論進行了再修正，因此出現了「後修正理論」（post-revisionism）。後修正理論的學者認為，倘若在探討冷戰的起源時，非黑即白地將責任歸咎於某一方的話，將有失公允。因此，後修正理論認為美蘇雙方都必須為冷戰的爆發負責。

從上述冷戰研究的發展中，我們不難發現，美國與蘇聯兩個超級大國是論述的主體。冷戰於一九九一年隨著蘇聯的解體而結束，而冷戰研究卻未因此而消退，反而繼續蓬勃發展。雖然學者逐漸將目光移向東亞，但卻著重於美國在韓戰、日本重建以及台海危機中的決策過程以及其如何投射政治、軍事以及外交的影響力。然而，東亞區域內部的連動性與主體性在以美國為中心的冷戰史研究中卻付之闕如。順著此一脈絡，我們得以進一步思考，冷戰的「結束」是否亦為一種美國中心的說法？因為蘇聯解體意味著美國得以證明其「優越」的體制最後「贏得」冷戰。但是，冷戰真的結束了嗎？冷戰隨著兩越統一、柏林圍牆倒塌以及蘇聯解體看似已經結束，冷戰對於許多國家而言，也許只是變成歷史課本上的名詞、旅遊的名勝景點、或是電影小說內的歷史背景。但對於身處東亞的我們而言，台灣海峽與韓半島日益緊張的局勢說明了冷戰的幽魂依然在東亞徘徊著。

## 台灣：從「帝國的邊陲」到「冷戰的前線」

隨著亞洲各國檔案近三十年來不斷地開放，讓歷史學者得以譜出東亞冷戰的新樂章，而台灣在其中又扮演著連結樂章關鍵音符的角色。日本帝國的瓦解同時揭開了亞洲冷戰的序幕。日本曾是一個領有陸地與海洋的帝國，在帝國瓦解之後，東亞各國開始進入了國家重建與去殖民的階段。在這個權力真空之際，上演著地方／國際勢力的權力爭奪戰。

台灣先是歷經西班牙與荷蘭的殖民，隨後併入清帝國，爾後又因甲午戰爭成為了日本帝國的殖民地。這個位於西太平洋邊緣的島嶼，在歷經外來政權統治的過程中，向來都是帝國的邊陲。

一九四五年八月日本宣布無條件投降之後，隨著日本帝國的瓦解，台灣法律地位轉向了未定的狀態。雖然中華民國政府僅是代表盟軍接受台灣，但以美國為主的西方盟友默許了蔣介石將台灣納入中華民國實質統治的一部分。國民黨歷經了八年的對日抗戰，卻未能於戰後享有和平。雖然美國總統杜魯門（Harry S. Truman ）派遣馬歇爾（George Catlett Marshall, Jr.）前往中國對國共兩黨進行調停，但蔣介石跟毛澤東對於彼此之間的不信任最終導致國共內戰不可避免地爆發。歷經三大會戰（遼西、徐蚌與平津）之後，兵敗如山倒的蔣介石政府最終也在一九四九年撤退至台。一九五〇年韓戰爆發之後，美國在西太平洋的反共政策逐漸確立，台灣在國際政治與地緣戰略上的重要性方逐漸浮現出來。台灣的命運也因此被捲入了未完成的國共內戰與全球冷戰的漩渦當中。這個三．六萬平方公里的島嶼，遂從歷年來「帝國邊陲」搖身一變，成為「冷戰的前線」。

## 冷戰格局下台灣的特殊性

在西太平洋地區，台灣並非唯一擁有冷戰地緣戰略優勢的國家。韓半島、日本列島、菲律賓群島皆具有類似的價值。然而，台灣在冷戰史中的獨特性值得獲得更多的關注。冷戰導致了四個分裂國家：中國（中華民國／中華人民共和國）、韓國（南韓／北韓）、越南（南越／北越）以及德國（西德／東德）。冷戰時期的台灣在國際與國內社會上皆展現其特殊性。

在國際上，在台灣的中華民國卻與其他分裂國家的情況有所不同。就領土範圍而言，其他分裂國家基本上是呈現均勢狀態，但是台灣海峽兩岸的政權卻呈現著領土不對稱的情形。在這樣的情況下，蔣不願意承認中國已經分裂成兩個政權；相反地，繼續聲稱中華民國政府仍控制中國大陸全部領土，且是世界上唯一合法的中國政府。美國為了維護其冷戰框架，在國際社會上不遺餘力地支持蔣介石政權，包括在聯合國的中國代表權問題。儘管中華民國在聯合國的席位每年都面臨挑戰，但由於美國的支持，台北在聯合國的席位直至一九七一年才被北京所取代。在此之前，台灣得以繼續以「中國」的名義參與國際組織，甚至不惜積欠龐大的聯合國會費，也堅持以全中國作為計算會費的基準，藉此證明中華民國政府是中國唯一的政府。國際上的台灣成為了冷戰格局下房間裡面的大象。

在國內層面，因冷戰所導致的分裂國家（例如：南韓／北韓、南越／北越以及西德／東德），於戰前不是統一國家，就是殖民地，所以人民基本上擁有相似的歷史記憶。然而，儘管台灣社會族群結構中，以漢人為多數，但在台灣的漢人所擁有的歷史記憶與經驗卻有別於一九四五年之後來台的中國人。

一八九五年馬關條約之後，台灣納入了日本帝國的版圖之中。在統治初期，日本帝國並沒有強行向台灣人灌輸日本文化，台灣人保留原有的姓名、語言以及文化。一九三六年日本帝國推行南進論，試圖將台灣打造成進軍西南太平洋的戰略基地，並開始對台灣實施皇民化政策，鼓勵台灣人改日本姓氏以及使用日語。然而，皇民化運動並沒有完全抹除台灣人的漢文化，反而催生了融合漢文化、近代文明與日本文化的台灣文化。

一九四九年後隨著中華民國政府撤退至台灣，這個處於西太平洋邊緣的島嶼成為了堅持法統的國民黨政權與歷經日本殖民的台灣相互衝突與融合的競技場。戰後台灣人面臨到了身分上的轉換，一夜之間從戰敗國的臣民，變成戰勝國的國民。面對著有相似文化、但卻經歷五十年的日本殖民統治，使得台灣人與來自中國大陸的軍民有著截然不同的歷史記憶。因此，國民黨政府遂透過去日本化和再中國化，試圖有效地鞏固對台的統治。這樣的歷史發展使得一九四九年之後的台灣成為一個充滿內在衝突的社會。

國民黨很幸運地選擇了台灣這個具有戰略性的島嶼作為其最後的避難所。但蔣介石卻不願意偏安於此，心心念念有朝一日得以「反攻大陸，解救大陸苦難同胞」。然而，華盛頓高層卻不願意破壞台海現狀，因為台海的衝突可能進一步引發另一場世界大戰。因此，美國雖然在國際場合上支持國民黨政府，但亦不斷干涉台灣的軍務，以防蔣介石執行反攻大陸計畫。

## 冷戰與現代台灣社會的形塑

為了維持中華民國在國際社會上的正統性，蔣介石遂將國共內戰冷戰化，試圖塑造其與毛澤東之間的鬥爭並非「中國的內部問題」，而是與全球冷戰格局密切相關，進而獲得其他國家的支持。

「反共抗俄」的口號對於一九五〇至一九七〇年代出生的台灣人而言想必並不陌生。如果細探這個宣傳口號背後的意義，會發現「反共」指的是反對「中國共產黨」，為國共內戰的範圍。至於抗俄，則是反抗當時的蘇聯，為國際冷戰的範疇。國民黨政府將國共內戰冷戰化的作法成為其在台灣維持統治正當性的一種方式。透過「反共抗俄」的宣傳口號，國民黨塑造了「反共復國大業是符合國際冷戰框架」的論述——「反攻大陸」除為了「解救大陸苦難同胞」之外，更是為了世界人民的「自由民主」而戰。

在反共大纛之下，國民黨在台灣實施白色恐怖，任何政治異議者皆有可能以「匪諜」罪處以拘禁甚至槍決，造成了台灣社會至今仍難以撫平的歷史傷痕。此一歷史脈絡亦造成現今台灣人在國族與身分認同上的差異。冷戰期間，國民黨意識到倘若台灣人無法認同其所帶來的國族認同的話，這些「前日本帝國的臣民」勢必會成為國民黨面對共產黨「外患」時的另一種「內憂」。因此，國民黨必須透過教育，將台灣人從「帝國的臣民」改造成擁護蔣總統反共理念的「堂堂正正的中國人」。

雖然台灣於一九八七年解嚴，並於一九九〇年代邁向民主化，但因冷戰遺緒所造成的認同問題依然存在於台灣社會。台灣這個過去的冷戰島嶼，雖然面對共產黨數十年的威脅，卻能因全球冷戰而生存下來，但台灣社會與國家認同也因冷戰而分裂。究竟台灣島上的居民是「台灣人」？「中華民國國民」？還是「中國人」？類似的爭論依然持續激盪於台灣社會之中。這使得台灣的選舉並非如其他民主國家僅是施政路線之爭，更是國家認同的另一種戰場。

從上述可知，現代台灣的形塑很大的程度上就是全球冷戰的遺緒。透過本書，我們不但可以理解冷戰的基本輪廓，更重要的是，可以讓我們在思考台灣的過去與未來時，進一步探索台灣在世界歷史浪潮中的座標位置。下次回到哥本哈根時，如果有機會再遇到那名司機，我也許會跟他說：「東亞當然有冷戰，而台灣就是觀察東亞冷戰的一個最好的切入點。台灣也許不是世界的中心，但是冷戰的角力與遺緒卻都在台灣，不論是現在、過去抑或將來。」

# 前言

要言簡意賅介紹這場支配且大抵上決定國際局勢面貌將近五十年的衝突，是一件既費力、讓人振奮又令人害怕的差事。在這本必須輕薄短小的書裡所討論的諸多重大事件、危機、趨勢、人物，幾乎個個都已有翔實的專題著作問世，其中許多著作寫得非常出色，而且篇幅大多比本書長上許多。此外，針對冷戰史的幾乎每個方面，學界已有過激烈且往往充滿謾罵的爭辯。晚近，隨著美、俄、東歐、中國等地檔案機構公布解密文件，加上新觀點隨著時日推移問世，這些辯論重上檯面而且加劇。因此，本書不敢——也不可能——妄稱是關於冷戰的蓋棺論定之作，或聲稱是全面觀照這場錯綜複雜且多面向之衝突的歷史之作。

反倒是，配合「非常短講」（Very Short Introduction）叢書的宗旨，我的目標係提供一個綜合性、解釋性的概述，研究者和一般讀者都能懂的概述。本書概述冷戰歷史，時間從一九四五年至一九九〇年美蘇對峙終於結束為止。本書說明關鍵事件、趨勢、主題，在這過程中汲取了晚近探討冷戰的某些最重要的學術著作。尤其是，我想為讀者提供一個根本的基礎，以便於他們理解、評價現代世界史上最重大的事件之一。

這場衝突橫跨四十五年，涵蓋幾乎全球，在何者該予以探討，何者該略而不談，我不可避免得作出艱難的選擇。篇幅有限，我無法在本書探討某些重要事件，不得不以最簡略的方式處理其他重要事件。關於冷戰的軍事方面，我也決定簡短帶過，原因之一是會有此叢書的其他專書談韓戰、越戰。於是，誠如此書書名，這會是從國際角度、從後冷戰的視角書寫的一本有關冷戰的簡短入門書。本書所探討的主要問題，包括冷戰如何發生、何時發生、為何發生？冷戰為何持續如此之久？冷戰為何從最初起源的戰後歐洲擴及幾乎全世界？冷戰為何結束得如此突然且出乎意料？冷戰帶來什麼樣的衝擊？

在此要感謝齊格（Robert Zieger）、佛里德曼（Lawrence

Freedman）、萊弗勒（Melvyn Leffler），他們都讀過原稿，為本書的更臻完善提供了寶貴意見。也要感謝奧康納（Rebecca O'Connor）從頭至尾給予鼓勵、意見、支持，感謝牛津大學出版社編輯部所有人，使此書的撰寫成為一大樂事。

# 第一章

# 第二次世界大戰和舊秩序崩毀

要說明冷戰的開端，就必得從第二次世界大戰談起。無論照哪個標準來衡量，二次大戰都是人類史上破壞最大的衝突，帶來前所未見的死亡、摧殘、匱乏、混亂。

史學家托馬斯・佩特森（Thomas G. Paterson）指出，「一九三九至一九四五年的戰爭如此撕裂人心，如此全面，如此劇烈，以致於摧毀了世界，其所摧毀的不只是健康、具生產力的勞動者、農民、商人、金融家、知識分子的人類世界，不只是緊密結合的家庭和社群所組成的安穩世界，不只是納粹衝鋒隊和日本神風特攻隊的軍事世界，而是所有的這些以及更多的世界。」二次大戰也打亂「由穩定的政治、世代傳承的智慧、傳統、制度、同盟、忠誠、商業、階級所構成的世界」，從而創造出使大國衝突更可能爆發、甚至不可避免的環境。

## 傾覆的世界

約七千萬人直接死於二戰，其中整整三分之二是非戰鬥人員。這場戰爭的輸家，軸心國陣營的德日義三國，平民死亡超過三百萬人；打敗他們的同盟國陣營生靈塗炭遠更甚之，平民喪命至少三千五百萬人。蘇聯、波蘭、南斯拉夫的死亡人數，驚人地占三國人口總和至二成，至於德國、義大利、奧地利、匈牙利、日本、中國，則占人口總和的4%至6%之間。如果說這場全球戰爭的確切死亡人數依舊是個謎，在二戰結束兩個世代之後，其所奪走的人命之多，肯定仍和二戰剛結束時一樣讓人無法理解。

二戰結束時，歐陸許多地方破敗不堪。英國首相邱吉爾以其一貫生動的行文風格，將戰後歐洲形容為「瓦礫堆、藏骸所、瘟疫和仇恨的溫床」。美國總統杜魯門在廣播電台講話中，談到一九四五年夏天他在德國所見到的破敗城市，在那些地方，「女人、小孩、老人遊走於公路上，或要回去遭炸毀的家園，或要離開遭炸毀的城市，或要尋找食物和棲身之所」。通訊員威廉·夏伊勒（William Shirer）論道，柏林是「十足的廢墟」，「我認為如此規模的破壞史所未見。」事實上，中東歐許多大城遭破壞的程度和柏林不相上下：科隆、杜塞多夫、漢堡的建築，九成毀於盟軍轟炸；維也納中心區遭炸毀的建築則達七成。約翰·赫西（John Hershey）報導，在華沙，德國人「逐街、逐巷、逐屋徹底摧毀，除了拙劣仿建的建築，一切蕩然無存。」美國駐波蘭大使亞瑟·布利斯·連恩（Arthur Bliss Lane），一九四五年七月進入那座飽受戰火摧殘的城市時寫道：「噁心的人肉燒焦味如同無情的示警，告訴我們就要進入死人城。」在法國，全國整整五分之一的建築受損或被毀，希臘則是四分之一。就連始終未遭占領的英國都受創甚烈，主要受害於納粹的轟炸，據估計在二戰期間損失全國總財富四分之一。蘇聯最慘：至少兩千五百萬人死亡，另有兩千五百萬人無家可歸，六百萬棟建築遭毀，國內許多工廠和具生產力的農地遭徹底摧毀。整個歐洲據估計有五千萬的二戰倖存者因為此戰爭而離開家園，其中約一千六百萬人被戰勝的同盟國委婉稱之為「流離失所者」（displaced persons）。

戰後亞洲的情況幾乎一樣悲慘。幾乎所有日本的城市都受到美軍無情的轟炸，四成的都市地區徹底被毀。日本最大的都市東京遭同盟國炸彈轟炸，境內一半以上建築遭夷平。廣島和長崎更慘，兩枚原子彈結束了太平洋戰爭，也毀滅了這兩個城市。日本領導人終於投降時，約九百萬日本人無家可歸。在中國，烽火連天超過十年，東三省工廠如同廢墟，黃河流域肥沃的農田沒入洪水裡。多達四百萬印尼人直接或間接死於二戰。一九四三年，一百萬印度人死於戰爭所導致的饑荒，兩年後，一百萬人死於中南半島。東南亞許多地方未像日本、中國、多個太平洋島嶼那樣直接遭遇恐怖戰禍摧殘，但其他地方，例如菲律賓、緬甸，沒這麼幸運。二戰最後階段，馬尼拉八成建築在激烈戰事中遭夷平。緬甸境內同樣慘烈的戰事，用戰時領袖巴莫（Ba Maw）的話說，「使我國大片地方淪為廢墟」。

二戰導致廣大地區生靈塗炭，民生凋敝，不只使歐亞許多地方淪為廢墟，還摧毀了舊有的國際秩序。美國助理國務卿迪恩·艾奇遜（Dean Acheson）驚嘆道：「傳承自十九世紀的世界結構和秩序整個消失」。事實上，以歐洲為中心、支配世界事務五百年的國際體制，幾乎一夜之間消逝。兩個大陸規模的軍事大國（已有人開始稱之為超級強國）繼之而起，他們都打算打造符合自己特殊需要和價值觀的新秩序。隨著二戰進入最後階段，就連最漫不經心的世界政局觀察者都能看出美蘇兩國在軍事、經濟、外交領域獨占鰲頭。在某個基本目標上，這兩個由盟友轉為對手的國家，基本上意見一致：必須盡快恢復公權力和穩定，而且這不只針對那些受二戰直接傷害的區域而發，還針對更廣大的國際體制而發。此事既艱鉅又刻不容緩，因為，誠如美國副國務卿約瑟夫·格魯（Joseph Grew）一九四五年六月所示警的：「目前的經濟困境和政治動蕩可能導致無政府狀態」。

冷戰的近因，在於一場浩劫般的全球戰爭把世界打得元氣大傷，而為了讓那個被戰爭打得滿目瘡痍、且易任人塑造的世界恢復國際秩序，華府和莫斯科所提出的解方彼此扞格不入（地圖1）。至少，從廣義的、結構的角度來看，近因在此。每當原本當道的國際秩序和伴隨其而來的均勢體制遭打破，必然會有某種程度的衝突。當這一打破之舉來得如此突然而且破壞力如此大，衝突更是在所難免。戰爭剛結束的那段時期，困擾美蘇關係的緊張、懷疑、對立，基本上不讓人意外。但若只從結構性因素切入，不可能解釋接下來所發生之衝突的程度之烈和範圍之廣，尤其不可能解釋其持續時間之長。畢竟，綜觀歷史，大國走妥協、合作之路，選擇攜手建立能滿足各自大部分基本利益、且為雙方所接受之國際秩序的事例，所在多有。已有學者以「大國共管」（Great Power Condominium）一詞形容這樣的體制。美蘇兩國都有一些重要官員抱此希望，但這一次不可能成真。

為何要弄清楚冷戰起源這個問題的核心，原因在此。簡而言之，美蘇兩國分歧的希望、需要、歷史、治理體制、意識形態，使不可避免的緊張演變為長達四十年的對峙，即我們所謂的冷戰。

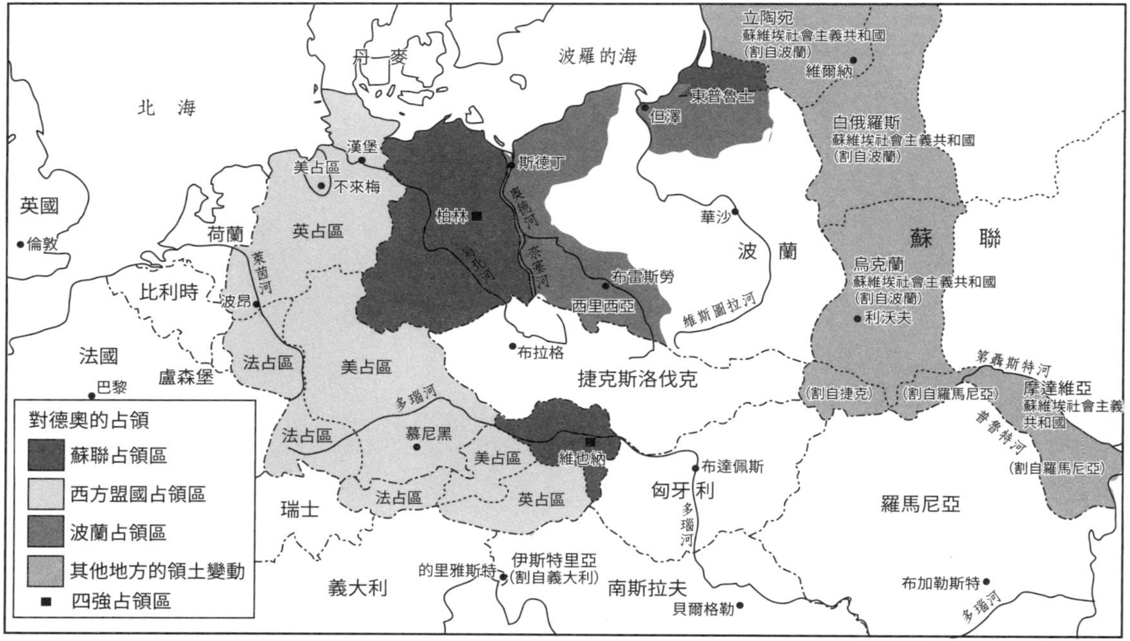


地圖1｜第二次世界大戰後的中歐。

## 美國所設想的戰後秩序

二次大戰結束時，美國蒙受的損失相對來講較小。約有四十萬美國陸海軍士兵在對抗軸心國時捐軀，其中約四分之三死於戰場上，但有一點特別值得一提，即這一死亡人數占二戰所有死亡人數不到1%，占美國的戰友蘇聯的死亡人數不到2%。與歐洲、東亞、北非等地平民的遭遇大相逕庭，對大部分美國平民來說，二戰所帶來的並非苦難和匱乏，而是繁榮——乃至富足。一九四一至一九四五年美國的國內生產毛額增長一倍，使得已經習慣長達十年之經濟蕭條匱乏的廣大平民，享有意想不到的高生產力、完全就業的經濟榮景。戰時實質工資猛漲，位在大後方的美國人突然覺得市面上滿是他們買得起的消費品。戰爭動員、恢復局局長說，「美國人處於令其頭痛卻又樂在其中的境況，即必須開始過上比以前還好一半的生活。」

一九四五年八月，新任總統杜魯門說，「經過這場戰爭，我們已是公認世上最強的國家，說不定是人類史上最強國」時，只是道出誰都看得出的事實。但二戰所帶給美國人民的經濟好處，以及反軸心國侵略期間，美國急劇上升的軍力、生產力、國際威望，都未能稍減二戰所帶來的新世界本身令人害怕的不確定性。日本攻擊珍珠港，一舉戳破自十九世紀初拿破崙戰爭結束以來美國始終高枕無憂的假象。冷戰期間美國的外交、防務政策如此看重國家安全，追本溯源，可以說源於諸多打破安全迷思的事件，而一九四一年十二月七日日本偷襲珍珠港，則是這類事件的最後一樁。直到六十年後紐約、華府遭遇恐怖攻擊，美國人才會再次遭遇如此直接、如此始料未及對其國土的攻擊。

軍事戰略家從日本人的大膽攻擊學到幾個教訓，而且每個教訓都對未來影響深遠。首先，他們開始相信，科技，尤其空中武力，已把地球大幅縮小，因而，美國所誇耀的兩洋屏障，就防範外來攻擊而言，已不再能提供足夠的保障。要真正高枕無憂，必須在遠離本土海岸線的外圍就開始防衛——用軍事術語來說，就是縱深防禦。這一概念使小羅斯福、杜魯門政府的防務官員開始提倡建立全球基地網——由美國所控制的海空軍基地構成、彼此相呼應的網絡，並透過談判取得廣泛的軍事性質過境飛行權。實現這兩個目標後，美國將可以更容易將武力投射到可能製造麻煩的地點，可以在潛在敵人取得足以打擊美國領土之力量的許久以前，就扼殺或制止他們。從美國國務院所編列的一九四六年「必要」地點清單，可看出美國所需要設立的軍事基地分布有多廣；這份清單包括緬甸、加拿大、斐濟群島、紐西蘭、古巴、格陵蘭、厄瓜多、法屬摩洛哥、塞內加爾、冰島、賴比瑞亞、巴拿馬、秘魯、亞速群島和其他地方。

其次，美國資深戰略家斷定，絕不可讓美國的軍力再度萎縮。他們一致認為必須讓美國軍力構成新世界秩序的核心要素之一。因此，羅斯福和杜魯門政府都堅持把維持海空武力當成第一要務；堅持在太平洋派駐強大軍力；堅持支配西半球；堅持在對戰敗國義大利、德國、奧地利、日本的占領上扮演中心角色；以及堅持繼續獨占原子彈。甚至在冷戰爆發前，美國的戰略規劃者所根據的就是範圍特別廣的國家安全觀。

美國決策者從二次大戰經驗得出的第三個、且最重要的教訓，使美國更加堅信該奉行這一涵蓋範圍甚廣的國家安全觀。這個教訓就是：絕不可再讓一個對美國有敵意的國家或國家同盟宰制歐洲和東亞的人口、領土、資源。從戰略—經濟角度來看，地緣政治學家喜歡稱之為歐亞心臟地帶的那個地區，被視為世界上最值得追求的東西；該地區兼具豐富的自然資源、先進的工業基礎設施、具專門技能的勞動力、高端的軍事設施，使它成為攸關世界權力格局之處，一九四〇至一九四一年的局勢就讓美國人慘痛地認識到這點。一九四〇年代初期軸心國陣營將歐亞大陸許多地方納入掌控，取得打長期戰爭、顛覆世界經濟、犯下令人髮指之反人類罪、威脅且最終攻擊西半球所需的資源。美國防務官員擔心，這一情況如果再度發生，國際體制的穩定會再度受重創，世界均勢再度被打亂到危險程度，美國的國土安全將再陷入嚴峻險境。此外，即使美國能避免掉直接攻擊，美國領導人仍將不得不為這樣的攻擊作好準備，而那將意味著軍事支出和常設防衛機構規模的大幅擴增、國內經濟的結構改造、對美國人所看重的本國經濟自由、政治自由的壓縮。簡而言之，軸心國對歐亞大陸的支配，或者日後任何敵人對歐亞大陸的控制，也可能會使美國的政治經濟失去攸關美國核心信念和價值觀之存續的自由。

因此，二次大戰的經歷讓美國人刻骨銘心地認識到，維持對美國有利的歐亞大陸均勢至關重要。

在美國人看來，世界秩序的軍事—戰略層面與經濟層面密不可分。美國的計畫人員認為，如果他們意圖從歷史上最駭人的灰燼裡，打造新秩序，必得建立較自由、開放的國際經濟體制。國務卿赫爾（Cordell Hull）回憶道，經驗告訴他們，自由貿易係和平的先決條件之一。自給自足、封閉的貿易集團，以及十年大蕭條期間所慣見的、妨礙外來投資和貨幣兌換的民族主義障礙，只會助長國與國的對立、衝突。根據美國所設想的方案，較開放的世界會是較繁榮的世界；較繁榮的世界則會是較穩定、較和平的世界。為達成這些目的，美國在戰時外交會議上力推以自由化貿易、讓所有國家享有公平投資機會、穩定匯率、貨幣可充分兌換為原則的多邊經濟體制。在一九四四年後期布列敦森林會議[1]上，美國使這些原則得到普遍接受，也讓各國支持建立兩個重要的超國家機構，即旨在協助穩定全球經濟的國際貨幣基金組織和國際復興開發銀行（世界銀行）。大家都知道，美國身為世上最大的資本主義國家，二戰結束時，其製造的商品占全世界商品達五成，必會從羅斯福、杜魯門政府和美國商界所大力認可的新多邊商業體制獲益。美國的理想與美國的利益緊密交織，密不可分。

一九四四年十二月，《芝加哥論壇報》的某篇社論得意宣告，「權力和無可非議的意圖」，如今在大美利堅共和國裡「攜手並進」，這不只是美國的幸事，還是「世界的幸事」。這番報導正好捕捉到當時美國社會的樂觀和自信。「美國的力量和理想在此國所面臨過最嚴峻的考驗中獲勝，」《週六晚報》補充道。「世界的民主龍頭再度證明它既懂如何生活，也懂如何打仗。我們心中狂喜，自是理所當然。」《新共和》把華府稱作「新問世的波多馬克河畔的世界首都」，同時嚴正表示，使世界撥亂反正係美國的天賦使命。這種堅信美國具有替天行道

1　編按：布列敦森林會議（Bretton Woods Conference）的正式名稱為聯合國貨幣金融會議，是1944年7月1日至21日，由四十四個二戰同盟國代表在美國新罕布夏州布列敦森林華盛頓山賓館召開的會議，商討戰後的經濟秩序。會議通過《布列敦森林協定》，確立了美元的主導地位，並建立國際貨幣基金（IMF）監督金融穩定，以及世界銀行（IBRD）向各國提供援助。隨著歐洲經濟復甦，1973年美元貶值後布列敦森林體系崩潰。

之使命的心態，在美國歷史和文化裡淵源已久。菁英和非菁英都認同，打造和平、繁榮、穩定的新世界，係美國的歷史職責。美國領導人對於美國促成如此重大轉變的本事幾乎是深信不移；他們也不承認他們所欲打造的全球秩序和其他人的需要、利益之間有可能扞格不入。美國人經歷的挫折不多，養成傲慢自大的心態，套用艾奇遜的精闢用語，認為他們能「牢牢捉住歷史，使其順從」。只有一個大障礙隱隱浮現於前路。一九四五年七月的《生活》雜誌提醒道，蘇聯是「美國人的頭號麻煩，因為它是世上唯一有力量挑戰我們的真理觀、正義觀、美好生活觀的國家」。

## 蘇聯所設想的戰後秩序

蘇聯的戰後秩序藍圖也受到本身歷史、文化、意識形態的影響。相較於日本偷襲珍珠港一事留給美國人的記憶，一九四一年六月希特勒的突襲，蘇聯人同樣記憶猶新，而且更令人害怕。在一個已蒙受如此驚人損失的國度，這樣的反應自是可想而知。蘇聯十五個蘇維埃共和國，九個遭德國人全境占領或局部占領。在這場被蘇聯人譽為「偉大的愛國戰爭」裡，幾乎沒有哪個蘇聯公民沒有受到切身的影響。幾乎每戶人家都失去一個摯愛的親人；大部分家庭犧牲了數個親人。除了數百萬人死於二戰，還有一千七百個城鎮、七萬多個大小村子、三萬一千座工廠被毀。蘇聯最具歷史意義的城市列寧格勒，在漫長的攻防戰中幾乎全毀，而光是此役就奪走百餘萬條性命。德國揮師入侵也重創了蘇聯的農業根基，毀掉數百萬英畝的作物，導致數千萬頭牛、豬、綿羊、山羊、馬匹喪命。

被德國人攻擊、占領的痛苦記憶，與其他更久遠的記憶，例如：一次大戰期間德國人入侵、俄國內戰期間協約國干預、十九世紀初拿破崙攻占俄羅斯未果的記憶，一起發酵，使蘇聯領導階層不折不扣執著於確保自己家園日後不再受到侵犯。蘇聯版圖甚廣，占了地球陸塊六分之一，面積比美國大兩倍，國家安全挑戰因而特別真切。從經濟上講，歐俄和西伯利亞是蘇聯最重要的兩個地區，而它們分處蘇聯國土兩端，晚近歷史經驗表明都極易受到外敵攻擊。前者面臨惡名昭彰的波蘭走廊，是以往的拿破崙、德意志皇帝、希特勒軍隊輕易取道進攻的路線。後者在過去二十五年裡兩度遭受日本侵略；此外，西伯利亞與中國接壤之處甚廣，而中國是仍處於革命動蕩期的不穩定鄰國。美國有友善的鄰國墨西哥和加拿大，還有兩大洋作為屏障，而蘇聯沒有這樣的條件，其防衛計畫人員的工作不像美國同僚那麼輕鬆。

克里姆林宮對戰後世界的所有規劃，都把保衛蘇聯本土這個至高需要擺在第一位。堵住經波蘭入侵的路徑或「門戶」，又被列為重中之重。史達林強調波蘭「攸關（其國家的）存亡」。「二十五年間德國人兩度取道波蘭入侵俄羅斯」，蘇聯統治者史達林一九四五年五月如此告誡美國使者哈里・霍普金斯（Harry Hopkins），「德國人入侵是讓人無法承受的可怕之事，而英國人和美國人都未經歷過這樣的事……因此，波蘭強大且友善，對俄羅斯至關重要。」史達林深信德國很快就會恢復元氣，會再度對蘇聯構成威脅，因此認為趁世界還可以任人塑造時著手確保蘇聯日後安全無虞，勢在必行。為此，最起碼要在波蘭和其他重要的東歐國家扶立默然順從、親蘇的政府；要把蘇聯的版圖擴大到革命前的範圍，意即將波羅的海三國和戰前波蘭的東部併入蘇聯；要透過嚴厲的占領體制、有系統的去工業化、沉重的賠償義務，使德國無法坐大。德國的賠償也會有助於戰後百廢待舉的蘇聯完成龐大的重建工作。

這些計畫以「透過擴張確保國家安全」的老方案為本，卻必須考慮到另一股與此南轅北轍的意向，即維持與英美之合作框架的意向，因而不能一意孤行。這一合作框架再怎麼不盡人意，終究已在戰時發展出來。克里姆林宮有意維持在總體戰打得正烈時，所打造出來的大同盟合夥關係，並非出於情感（蘇聯外交不考慮情感）而是出於一組頗為務實的考量。首先，蘇聯統治者認識到必須避免與西方公開決裂，至少在可預見的未來尤應如此。二戰令蘇聯人力、資源、工廠損失甚巨，國家元氣大傷，有鑑於此，與英美太早衝突會令蘇聯陷入極不利的處境，而美國於一九四五年八月展示其原子彈威力後，這一不利處境更加鮮明。其次，史達林和幾位主要副手頗為篤定能讓美國履行其承諾，大筆金援蘇聯重建。若採行肆無忌憚擴張領土的政策，很可能未蒙其利先受其害，因為此舉會加快戰時同盟的瓦解，從而使蘇聯得不到所想要的經濟援助。

最後，蘇聯長久以來被當成避之惟恐不及的國家，因此指望世人當它是個受尊敬、負責任的大國。他們的意識形態信念使他們對資本主義國家極為反感，但有點弔詭的，他們渴望從這些國家那兒得到尊敬。俄羅斯人想要的當然不只尊敬；他們堅持在國際會議上要有平等的發言權，堅持要西方接受其利益的正當性。更貼切的說，他們希望西方正式承認他們擴張後的版圖，接受或至少默認他們在東歐的新勢力範圍。這些因素使蘇聯有所顧忌，未貿然讓紅軍赤裸裸動武，吞併其所能吞併的領土。

在這個關鍵時刻蘇聯外交平衡的拿捏，由史上最殘暴、無情、猜疑的統治者所把持時，則為莫斯科的戰後野心故事增添了不可免除的個人因素。專橫的史達林在戰前、戰時、戰後完全主宰蘇聯決策，不容任何異議。接掌史達林之位的赫魯雪夫憶道，「他講，我們聽。」史學家約翰·劉易斯·加迪斯（John Lewis Gaddis）表示，這位前布爾什維克革命分子「在一九三〇年代期間，把他所主持的政府，乃至他所統治的國家，改造為體現他

**BOX 1**

### 約瑟夫・史達林

喬治亞出生的史達林，身材矮小，幾無領袖魅力或雄辯之才，從1920年代中期至1953年去世，以鐵腕統治其國家。這位蘇聯獨裁者在1930年代期間加緊對大權的掌控，人民為此付出可怕的代價。多達兩千萬蘇聯人直接或間接死於史達林將蘇聯農業強行集體化和有系統的壓迫。

個人病態猜疑性格的龐然巨物」，「無以復加的自我中心表現」，「帶來無數悲劇」。二次大戰剛結束那段期間，史達林看待他的西方盟友，一如看待國內外所有潛在競爭者，懷著最深的懷疑和不信任〔Box 1〕。

史達林的殘暴性格和止不住的支配欲的確是重要因素，但不能把俄羅斯外交政策看成純粹是它們的產物。史達林無情且多疑，殘酷對待自己的人民，但對外政策一般來講審慎，考慮周全，始終致力於兼顧機會和風險。這位俄羅斯獨裁者總是小心翼翼估量「各股力量的相互關係」，對於美國擁有更勝一籌的軍力、工業實力，表現出務實的尊敬，在「全盤」端走似乎可能招來抵抗時，常追求端走「半盤」。史達林始終把蘇聯的國家需要擺在擴展共產主義之前，而基於國家需要，史達林採行的政策，既帶有審慎的機會主義，又傾向妥協，並非侵略性的擴張策略。

馬列主義意識形態從底部支撐蘇聯，也影響史達林和高階同志的看法和政策，但影響方式錯綜複雜且難以確切說明。對馬列學說深信不移，使他們對未來抱持著一種信念，篤信不管莫斯科短期內會遭遇什麼艱難，歷史終將站在他們那一邊。史達林和克里姆林宮菁英認為，社會主義世界、資本主義世界的衝突無法避免，並確信無產階級革命陣營終會占上風。因此，各股力量的相互關係似乎極有利於西方時，他們不願催逼太緊。誠如蘇聯外長莫洛托夫（V.M. Molotov）所說的，「我們的意識形態意味著能採取攻勢時就採取攻勢，不行時就等。」如果說意識形態上的信念有時催生出步步為營的耐心，有時則扭曲了現實。例如，俄羅斯領導人未能理解為何有那麼多東德人和東歐人把紅軍視為壓迫者，而非解放者；他們也繼續認為起內鬨的資本主義國家必會兵戎相向，資本主義體制不久就會遭遇又一次全球蕭條。

意識形態使蘇聯人、美國人都對自己國家在世界史上的角色抱持救世主式的信念。雙方的對立不久就會演變成冷戰對立，而在相對立的陣營裡，領導人和平民大眾都認為自己國家的行事，係為實現更廣大的目標，而非只為推進本國利益。事實上，蘇聯人和美國人都自認所作所為出於崇高動機——欲把人類帶進和平、公義、秩序井然的美麗新世界。史學家大衛·恩格曼（David C. Engerman）強調，「兩邊的領導人都深信歷史站在自己那一邊」，「兩國都把自身國力的成長等同於歷史進步」。在世界許多地方一蹶不振之際，美蘇兩國都擁有摧枯拉朽的實力，而這兩股南轅北轍的意識形態價值觀，有如此強大實力為後盾，確實為衝突提供了萬無一失的材料。

# 第二章

# 冷戰在歐洲的起源，1945–1950年

## 脆弱的同盟

全球最大資本主義強權和走國際無產階級革命路線的最大對手，在戰時的結盟，係出於一時利害考量的結合，從一開始就擺脫不掉關係緊繃、不信任和猜疑。除了打敗納粹德國這個共同目標，幾乎沒有其他東西可以鞏固這份出於迫不得已且尷尬的需要，這份合作關係還被衝突頻仍的過去扯後腿。畢竟，自布爾什維克革命誕生蘇維埃國家以來，美國對蘇聯表現出始終不減的敵意。克里姆林宮的統治者則把美國視為意欲在他們的政權剛成立時，就將其勒死的資本主義陣營的龍頭老大。蘇聯誕生後，面臨經濟壓力和外交孤立，還有美國發言

人對蘇聯政府和其所代表的一切，始終不斷譴責。成立十七年後，華府才終於承認蘇聯，當然不足以一舉打消蘇聯對美國的惡感，尤其一九三〇年代中期和後期，史達林致力於打造共同戰線以對付希特勒所主掌、東山再起的德國，卻被美國等西方列強漠然以對，那份惡感更是根深柢固。蘇聯再度遭西方拋棄（至少在他看來是如此），獨力面對德國這條惡狼，史達林出於自保，同意與納粹簽訂一九三九年德蘇互不侵犯條約。至於美國，在一次大戰戰後時期，對於這個不受管束、行事無法預測的政權，這個沒收財產、拒絕清償戰前債務、誓言支持全球各地工人階級革命、鄙視宗教同時迫害基督徒、否定上帝存在的政權，心裡只有鄙視。美國的策士不怕蘇聯的傳統武力，畢竟那明顯不強，反倒擔心馬列主義學說打動其他地方和美國國內的受壓迫大眾，擔心它可能激起的革命叛亂和隨之而來的不穩定。於是，在一九二〇年代和一九三〇年代初期，華府致力於隔離共產主義病毒，孤立作為共產主義陣營龍頭的蘇聯。美國總統胡佛在其回憶錄裡憶道，那就像「有個心術不正、可恥的鄰居」：「我們不攻擊他，但不邀他到我們家，以免給他的為人掛保證。」一九三三年，出於商業、地緣政治考量，羅斯福給予蘇聯外交承認，但情況並未因此有多大的改變。蘇美關係始終冷淡，直到一九四一年六月希特勒背叛其盟友蘇聯，關係才改善。在那之前，德蘇出於利害考量而簽的德蘇互不侵犯條約，只讓美國對史達林政權更加反感。一九三九至一九四〇年這位蘇聯獨裁者以德國為掩護，趁機侵略波蘭、波羅的海三國和芬蘭時，整個美國社會反蘇心態更是猛然高漲。

德國揮師入侵蘇聯後，先前那股出於意識形態的反感讓位給**現實政治**。羅斯福和其主要策士迅即看出能抵抗德國進攻的蘇聯，給美國帶來甚大的地緣戰略優勢；他們反倒擔心起德國若制伏資源如此豐富的一個國家，德國會更加強大。於是，一九四一年夏天，美國開始向蘇聯運送軍事物資，以提升紅軍致勝機率。一九四一年六月起羅斯福所採行的政策，其主要的依據，誠如史學家瓦爾多．海因里希海因里希（Waldo Heinrichs）所貼切道出的，「係認定蘇聯的存續攸關能否打敗德國，而打敗德國攸關美國的安危」。就連打從骨子裡反共的邱吉爾，都立即看出蘇聯的存續攸關抗德大業的成敗。他以逗趣口吻說道，「如果希特勒入侵地獄，我會至少在下議院裡替魔鬼美言一番。」於是，美國人、蘇聯人、英國人突然間同仇敵愾，對付共同敵人，而隨著希特勒於珍珠港遇襲兩天後對美宣戰，這份同盟關係確立下來。戰時美國給予蘇聯的軍援超過一百一十億美元，把華府和莫斯科團結在一起的那份剛萌生的互蒙其利之感，在此得到最具體的展現。與此同時，美國政府的戰時宣傳機器竭力淡化「喬大叔」史達林和他所領導的政權長期以來令人厭惡的不利形象。

然而，為了如何打、在哪裡打、何時打他們的共同敵人德國，大同盟內部幾乎立即產生嫌隙。史達林力促其英美夥伴盡快對德開闢大規模第二戰線，以減輕蘇聯受到的強烈軍事壓力。儘管羅斯福答應照辦，美英還是等到珍珠港事變兩年半後，才決定開闢大規模的第二戰線，而且柿子挑軟的吃，一九四二、一九四三年選擇在北非和義大利發動風險較低、位處邊陲的軍事行動。一九四三年六月，史達林得知一年內不會在西北歐開闢第二戰線，即忿忿寫信給羅斯福，說蘇聯政府「對其盟友的信心……就快要撐不住」。他語帶尖刻地要羅斯福注意「蘇聯軍隊的巨大犧牲……相較之下，英美軍隊的犧牲微不足道」。對於其盟友在補給、戰備上所碰到的難題，不意外的，史達林完全不體諒。英美可以好整以暇等待有利時機，再與德軍主力交手；俄羅斯人顯然沒這麼好命。史達林懷疑其所謂的盟友根本不把減輕蘇聯所受的壓力視為特別優先的事項，他覺得，如果讓蘇聯人死於抗德戰爭而能保住更多英美軍人的性命，英美會這麼做的，而他這個看法的確屬實。一九四四年六月，盟軍終於發動其早該進行的諾曼第登陸，在這之前，蘇聯軍隊一直牽制住德國國防軍逾八成的兵力。

政治爭執也破壞戰時同盟關係。最惱人的爭執，與要求德國接受的和平條件和戰後東歐的地位有關。史達林認定德國會在戰爭結束後不久就恢復其軍事—工業實力，再度對蘇聯構成致命威脅，在一九四三年十一月於德黑蘭召開的戰時會議上，以及接下來的一整年，史達林一直要羅斯福、邱吉爾看清這點。於是，這位俄國統治者力促訂定會使德國喪失領土和工業基礎設施的嚴苛和約。如此一來可滿足蘇聯的雙重需要，亦即既可使德國無法東山再起，又能從德國取得大有助於蘇聯重建的設施。對於史達林這番帶有懲罰性質的提議，羅斯福不願完全支持，但的確告訴史達林，他也覺得把德國斷手斷腳是好事。事實上，美國專家那時尚未決定該怎麼處置德國；要使這個令無數生靈塗炭的國家從此一蹶不振，還是寬大對待，趁占領期間協助打造一個新德國，讓它能在戰後歐洲扮演有益角色，把其資源和工業充分用於百廢待舉的重建歐洲的浩大任務。羅斯福初步同意走懲罰路線，但誠如後來的發展所表明的，此問題依舊懸而未決。

東歐問題也直接攸關蘇聯甚為關切的安全利益，同樣未能找到容易的解決辦法。理論上和實際上，美國人和英國人無奈接受蘇聯將東歐納入其勢力範圍，亦即讓蘇聯人在東歐享有最大的影響力。一九四四年十一月，邱吉爾和史達林初步同意惡名昭彰的「百分比協定」，寫下戰時最赤裸裸的勢力範圍外交。根據協定，巴爾幹半島大部分地方被分割為英國或俄國的勢力範圍。但羅斯福從未簽字同意這一權宜之計，因為自由、民主的自決原則是美國所擬定之戰後政治秩序計畫的基礎，而上述作法代表對這些原則的公然侵犯。但美國的崇高構想不可能實現。以波蘭為例，可充分看出此問題本身的棘手。當初，就是德蘇聯手入侵波蘭，引發歐戰。戰時，兩個互別苗頭的波蘭政府爭取國際承認：一個把總部設在倫敦，由強烈反蘇的波蘭民族主義者領導；另一個設在波蘭城市盧布林，基本上充當蘇聯的傀儡政權。兩派立場如此南轅北轍，沒有中間地帶存在的空間；羅斯福處理國內政治衝突時，習慣於雙方各讓一步來解決，在波蘭，這樣的作法卻幾無揮灑餘地。

在一九四五年二月的雅爾達會議上（圖1），羅斯福、邱吉爾、史達林致力於解決一部分上述的根本爭端，同時也規劃如何結束二戰。這個會議代表戰時合作的最高點，會議上得出的折衷辦法，既充分反映了既有的均勢，也充分反映了「三強」領導人欲維持合作、妥協精神的決心——他們難得的同盟關係若要存續下去，這份精神絕不能少。關於至關重要的波蘭問題，美國人和英國人同意承認蘇聯所支持的盧布林政府，前提是史達林擴大該政府的代表性，允許自由選舉。史達林接受「獲解放歐洲宣言」（Declaration on Liberated Europe），大抵是為了回敬羅斯福所施予的小惠，因為羅斯福想要找塊

圖1｜1945年2月，邱吉爾、羅斯福、史達林在雅爾達的利瓦迪亞宮。

遮羞布來掩飾其從美國所揭櫫的諸多戰爭目標中退卻，也想要平息數百萬東歐裔美國人的不滿（頗值得注意的，其中大部分人係把票投給民主黨者）。在這份公開的文件裡，三國領導人保證支持每個得到解放的歐洲國家以民主過程建立代議制新政府。蘇聯統治者也得到他想要的保證，即保證逼德國賠款，初擬的賠償金額是兩百億美元，其中一百億撥給蘇聯。但關於此問題的最後協議被延遲到日後。在雅爾達會議上，蘇聯也承諾於歐戰結束後三個月內對日出兵。對美國來說，此一承諾和蘇聯正式同意加入聯合國，都是重大外交成就。

## 從合作到衝突，1945–1947年

然而，雅爾達會議結束才幾星期，雅爾達精神就因英美日益不滿蘇聯在東歐的作為而受創。蘇聯粗暴殘酷地壓迫非共產黨員的波蘭人，以及在保加利亞、羅馬尼亞、匈牙利（都是紅軍所剛解放的區域）境內的高壓作為，在邱吉爾、羅斯福看來，都違反了雅爾達協議。邱吉爾力促羅斯福把波蘭打造成「決定未來我們與俄羅斯人打交道方式的範例」。這位美國領導人同樣不安於史達林的行為，卻不同意朝這方向走；直至去世前幾天，他依舊相信能保住與俄羅斯人建立的合理、互諒互讓的關係。四月十二日羅斯福突然死於大量腦溢血，這一艱鉅的重任隨之落在未經過考驗且無經驗的杜魯門身上。在如此緊要關頭，美國換了領導人為美蘇關係的發展帶來多大的改變，依舊是學界激辯的主題。比起羅斯福，

杜魯門的確更願意接受強硬派顧問的建議：以強硬立場和俄羅斯人打交道，有助於美國人取得他們所想要的。四月二十日，在一場發言上，杜魯門透露一個往後常被人引用的真實想法，他說，他看不出有什麼理由美國不該得到其想要的八成五。三天後，他很不客氣的命令蘇聯外長莫洛托夫，要他的國家務必信守其有關波蘭的協議。邱吉爾也對他口中蘇聯野蠻、欺凌的行徑日益不滿，從而為三強在被戰火摧殘的德國攤牌打好了條件。

一九四五年七月，即德國投降兩個月後，美英蘇三國領導人於最後一場戰時重要會議上（圖2），再次致力於打消彼此的歧見。這次會議在被炸得滿目瘡痍的柏林郊區波茨坦舉行，處理多個問題，包括東亞領土調整和蘇聯參與太平洋戰爭的確切時間。但最棘手的問題——與戰後東歐、德國的處置有關的問題，占去這場為期兩星期會議的最多時間。史達林於會議初期如願實現其首要的外交目標之一：英美承認新成立的華沙政權。他的大同盟夥伴覺得別無選擇，除了接受蘇聯支配下的波蘭這個既定現實。這個現實是，波蘭取得由前德國領土硬生生割出的領土，往西擴大了版圖。但他們猶豫是否要

圖2｜1954年7月，德國，波茨坦會議期間，邱吉爾、杜魯門、史達林。

給予蘇聯在保加利亞、羅馬尼亞所扶植的政府同樣的外交承認。三國首腦轉而成立外長理事會，由該組織在未來的會議中處理因為此戰爭而出現的這些問題和其他領土問題，並起草要戰敗軸心國接受的和約。

邱吉爾所謂的「大問題」——德國問題，後來引發激烈角力，美國所支持的折衷辦法使議事不致停擺，但代價是德國實際上在經濟上被一分為二。賠償問題依舊是最大障礙。史達林堅持依照他認為已在雅爾達談定的價碼，要求分到德國賠款金額裡的一百億美元，但杜魯門和其顧問堅不同意。美國人這時深信西歐，以及美國本國的經濟復甦和未來繁榮有賴於經濟發達的德國，反對任何不利於此目標實現的方案。美國國務卿詹姆斯·伯恩斯（James F. Byrnes）提出折衷方案，蘇聯終於勉為其難接受。此方案載明，占領德國的四國（美英法蘇）主要從各自分到的占領區取得賠償；此外，蘇聯獲保證，會從德西占領區得到一些資本設備。但德西占領區實際上不受俄國影響，而德國工業化程度最高且資源最豐富的區域，都位在該區。同盟國諸成員無法在德國問題談出一致的方案，德國問題也一直是持續未解的二戰外交爭議，注定是冷戰的核心議題，因此基本上採取分割德國各管各的辦法，同時竭力保住團結一致的表象。這一結果影響深遠。它代表了把西方和蘇聯各自占領的德國區域整合進各自經濟政治體制的第一步，也預示了歐陸的東西分隔格局。

但對於在波茨坦所獲致的這些影響重大的決定，杜魯門表示滿意。當時他論道：「我喜歡史達林這個人」，「他很直率，知道自己想要什麼，無法如願時會妥協。」這位美國領導人之所以有自信能在日後與蘇聯領導人談判時如願，主要是因為在杜魯門和其主要顧問眼中，華府有兩張王牌：美國的經濟實力和獨家擁有原子彈。波茨坦會談中期，杜魯門收到已在新墨西哥州成功測試原子彈的消息，他的自信隨之大增。套用美國戰爭部長[2]亨利·史汀生（Henry Stimson）所愛用的說法，美國的「同花大順」肯定會使美國更容易談成符合其利益的外交協議——或者說杜魯門和其身邊人這麼認定。八月六日和九日，原子彈陸續在廣島、長崎引爆，立即奪走十一萬五千條性命，以及另外數萬人死於輻射病，加上蘇聯於八月八日對日宣戰，日本不得不投降。動用原子彈，一

2　編按：美國戰爭部的首長。戰爭部成立於1789年，為美國總統內閣的部級單位，1947年將之拆分，陸、海、空三部組為「國家軍事機構」，1949年改為國防部。

舉助美國達成其數個軍事—外交目標：迅速終結戰爭，從而拯救成千上萬美國人性命，使蘇聯不需要派兵進入太平洋戰爭（但未打消蘇聯派兵進入滿洲的需要），蘇聯無法順理成章要求一同於戰後占領日本。

但儘管杜魯門政府有這兩張王牌，日本投降後的幾個月裡，蘇美關係還是每況愈下。除了東歐、德國這兩個依舊最令人頭疼的問題，曾在戰時並肩作戰的各國也因為諸多問題起衝突——如何讓原子彈受到國際控制的看法南轅北轍，在中東和東地中海利益相衝突，以及美國經濟援助的問題和蘇聯在中國東北的角色問題。雖然在數場外長理事會上談成一些折衷方案，但一九四六年標誌著大同盟的消亡和冷戰的開端。

整個一九四六年，杜魯門政府和其西歐的主要盟友，愈來愈把史達林領導的俄羅斯視為投機主義惡霸，認為俄羅斯對於擴增領土、資源、特許權似乎貪得無厭。美國駐莫斯科高階外交官喬治·肯楠（George F. Kennan），在其一九四六年二月二十二日影響深遠的「長電報」中闡述了上述看法，此後該看法成了眾人相信的說法。肯楠強調，蘇聯對資本主義世界的敵意，既勢所必然而且無法改變，而那是俄羅斯歷來的不安全感和馬列主義教條一同發力所造成。他主張，克里姆林宮的統治者已把高壓極權主義政權強加於蘇聯人民身上，如今則利用所謂的外敵威脅，合理化內部專制統治的持續，從而使他們一直掌權。肯楠的建議直截了當：勿遷就，遷就無論如何不管用；相反地，要集中全力遏制蘇聯支配力和影響力的擴張。他認為克里姆林宮吃軟不吃硬。三月五日，已下台的邱吉爾公開附和已然高漲的反蘇論調。在密蘇里州的富爾頓，這位英國戰時領袖激動說道：「從波羅的海的斯德丁到亞得里亞海的的里雅斯特，一道橫跨大陸的鐵幕已降下。」與他同台的杜魯門，露出明顯贊同的表情。邱吉爾示警道，基督教文明如今因共產主義的擴張行徑而陷入險境。

單單蘇聯一方的行為，並不能證明西方諸國有理由發出如此強烈的警告，當然也未證明美國某些地方人士所勾勒的世界末日場景有其道理。的確，史達林主義政權幾乎在各處搶占有利地位，在波蘭、羅馬尼亞、保加利亞強行成立聽話的政府；在德東占領區開闢獨家勢力範圍；最終拒絕從伊朗撤軍，在一九四六年三月導致第一場重大的冷戰危機；逼土耳其給予特許權，甚至在保加利亞邊境重兵威嚇；劫掠中國東北；以及其他作為。但蘇聯也允許匈牙利、捷克斯洛伐克舉行相對來說較自由的選舉，在芬蘭、奧地利配合成立代議政府，透過外長理事會與西方列強繼續熱絡地協商，甚至著手約束義大利、法國和西歐其他地方境內已成氣候的共產黨。簡而言之，解讀蘇聯的行為時，理應比肯楠、邱吉爾所為更為細微深入，更兼顧其正負面作為。

事實上，美英分析家最擔心的既非蘇聯行為本身，也非這類行為背後可能隱藏的不良居心。他們也未過度憂心蘇聯的軍力，至少短期內不是。美英高階軍事專家認為蘇聯太弱，不敢冒險對美開戰；他們認為紅軍進攻西歐可能性甚低。令美英決策者憂慮的，毋寧是趁著戰後世界依舊未消的社經困境和隨之而來的政治動蕩，蘇聯從中得利的可能。上述戰後情勢已助長左派勢力於世界各地興起，最令人不安的現象體現在西歐境內共產黨日益受到歡迎，但追求革命、反殖民、立場激進的民族主義團體在整個開發中世界竄起，也反映了此現象。二戰重創社會民生，使得共產主義似乎成為讓世界上許多人心動的另一條路。西方的外交部、國防部擔心當地的共產黨和革命團體會與蘇聯結盟，並聽令於蘇聯，畢竟蘇聯在反法西斯戰役擔綱要角，已大大擦亮其正當性和威望。因此，克里姆林宮連冒險直接動武都不必，就可擴大其支配力和勢力範圍。對美國戰略家來說，一九四〇至一九四一年的駭人陰影隱然聳現。歐亞大陸說不定會被又一個帶有敵意的強權掌控，而且這個強權同樣有與西方格格不入、帶威脅性的意識形態作為武器，若成真，會使世界權力天平倒向對美不利的一方，使美國無緣進入重要市場、取得重要資源，使國內的政治自由、經濟自由陷入險境。

## 劃界線

為因應這些分散但嚴峻的威脅，美國於一九四七年上半年迅速著手施行壓制蘇聯、同時降低共產主義吸引力的戰略。英國眼見自己國力衰退且財政日益拮据而不得不採取的一項主動作為，促使美國在外交攻勢上跨出重要的第一步。二月二十一日，英國政府告知美國國務院，不再負擔得起對希臘、土耳其的軍事經濟援助。美國官員迅即決定美國必須接下英國原本的角色，以阻止蘇聯影響力往東地中海，以及朝更遠處、富產石油的中東擴散。為贏得顧慮成本的國會和不願攬下新國際義務的公眾支持，杜魯門於三月十二日向國會發表強勢演說，要求撥發四億美元的軍經援助給陷入困境的希土兩國政府。

從某個層面上看，美國在此的作為只是要填補英國勢力減縮後出現的權力真空。右派希臘政府正在打內戰，對手是有共黨南斯拉夫提供物資的本地共產黨。土耳其則遭遇俄羅斯不斷施壓，要求給予俄羅斯在達達尼爾海峽的特許權。因此，莫斯科和其盟友可能從英國人後撤得益，美國人不樂見這樣的情況發生，於是祭出此舉防杜。然而，杜魯門主義特別值得注意之處不在於權力政治的根本事實，而是杜魯門總統提議援助時所採取的表達方式。他採用誇張的措辭、善惡不兩立的意象、刻意簡化的陳述，以更能打動人心，不只要在社會和國會裡替這個攬下的義務打造支持的共識，也要替更有作為的美國對外政策（既反蘇且反共的政策）在社會和國會裡打造共識。因此，杜魯門主義如同意識形態冷戰和地緣政治冷戰的宣示〔Box 2〕。但杜魯門主義在許多立場上含糊其詞，而這些含糊之處會在整個冷戰期間餘波蕩漾。威脅的存在使美國人認為如此高調宣告其決心正當合理，而此威脅的本質究竟為何？是蘇聯勢力的可能壯大？或是一組與美國價值觀相對立的理念的擴散？這

**BOX 2**

## 杜魯門主義

在籲請國會通過對希臘、土耳其的一整套援助方案時，杜魯門說：「世界史走到當今時刻，幾乎每個國家都必須在不同的生活方式中擇一。」杜魯門列舉蘇聯種種背信棄義的行為，儘管始終未直接點名蘇聯，然後以如下的著名告誡為其講話作結：「自由人民正在抵抗武裝的少數人或具征服意圖的外來壓力，美國必須把支持他們列為政策。」這一不明訂截止期間的承諾，迅即被稱作杜魯門主義。

兩個大異其趣的憂患神不知鬼不覺地並存於美國的想法裡。

杜魯門這場劃時代演說的三個月後，美國公開宣告其外交攻勢進入第二大階段。國務卿喬治・馬歇爾在哈佛大學的畢業典禮致詞時說到，只要是願意以有系統的方式致力於復原歐洲國家，美國都保證予以援助。隨後被美國稱為「馬歇爾計畫所欲打擊的敵人」，乃是飢餓、貧窮和士氣低落——這助長了左派勢力在戰後歐洲興起，且情況因復原受阻而惡化，又因遭逢過去八十年來最嚴酷的寒冬而加劇。英國外長厄尼斯特・貝文（Ernest Bevin）和法國外長喬治・比多（Georges Bidault）立即熱情回應馬歇爾的提議。他們找來對此有興趣的歐洲國家開會，該會議不久就提出一組統籌性的原則，以管理美國所提的援助計畫。英法等西歐國家政府看出這是有助於緩解嚴重的經濟問題、反制本地共黨、挫敗蘇聯擴張的大好機會。簡言之，他們對戰後環境憂心忡忡，而許多擔憂和杜魯門政府一致，儘管歐洲人在理解此威脅時不像美國人那麼執著於意識形態。西歐諸國領導人爽快歡迎（且請求）美國對戰後歐洲採較積極有為的政策、以及美國在戰後歐洲更強勢的存在，因為此舉符合他們自身的經濟、政治、安全需要。馬歇爾計畫最終對西歐提供了一百三十億美元的援助，協助快速啟動西歐的經濟復甦，促進歐洲經濟整合，恢復美國貨物的重要市場。史達林擔心歐洲復原計畫會被用來放鬆俄羅斯對其衛星國的掌控，禁止東歐參與。蘇聯外長莫洛托夫步出巴黎的統籌會議時嚴厲警告道，馬歇爾計畫「會把歐洲裂解為兩個陣營」。

美國對德政策的決定性轉向，構成杜魯門政府外交攻勢另一個不可或缺的部分。美國決策者認為德西占領區參加馬歇爾計畫攸關此計畫的成敗，因為德國的工業與資源係歐洲經濟成長所不可或缺。馬歇爾計畫宣布之前，美國就已著手提升當時已合併之美、英占領區裡的煤產量。華府的計畫人員深信：全球和平與繁榮，以及美國的安全和經濟福祉，都有賴於歐洲經濟復甦，這些最重要的政策目標有賴於一個強健且經濟重新振興的德國。這些目標使得美蘇在最重要的德國問題上談成外交折衷方案的可能性變低。國務卿馬歇爾堅持要讓德國參加歐洲復原計畫一事，基本上斷送了四強就德國問題達成協議的可能，並直接導致一九四七年十一月外長理事會會議不歡而散。美國某高階外交官私下坦承，「我們真的不想要德國統一，也不打算在俄羅斯人會同意的條件下讓德國統一。」德國重歸一統一段時間後，說不定會站在蘇聯那一邊，或幾乎一樣糟的採取中立立場，與其冒這樣的風險，不如把德國一分為二，於是一九四八年初期，美英法三國開始著手打造獨立的西德。英國大使因弗恰普勛爵（Lord Inverchapel）說，美國人相信「比起在日益擴張的蘇聯霸權國邊界上創造一個無人區，把德國一分為二，讓兩部分分別併入相對立的東、西陣營，更為理想。」

史達林常表示不放心德國再度強大，如美國官員所預期的，西方這些政策倡議必然招來蘇聯激烈反彈。俄羅斯學者弗拉基米爾・佩恰特諾夫（Vladimir O. Pechatnov）指出，「蘇聯最擔心的事，係東歐落入西方的經濟支配下，德國成為美國領導之陣營的一分子。」一九四七年九月，在波蘭的一場會議上，蘇聯人成立共產黨和工人黨情報局，以加強其對東歐衛星國和西歐共黨的控制。俄羅斯首席代表安德烈・日丹諾夫（Andrei Zhdanov）

說西方陣營致力於打造一個會充當「攻擊蘇聯之起點」的同盟，把馬歇爾計畫斥為此一聯合策略的一環，並說世界就此分為「兩個陣營」。

接著，一九四八年二月，捷克爆發由蘇聯在背後支持的政變，導致政府中所有非共產黨籍的部長遭解職，接著受敬重的外長揚・馬薩里克（Jan Masaryk）身亡——死因非常可疑。這場捷克政變，連同匈牙利境內非共黨反對勢力遭嚴厲鎮壓，預示了蘇聯在其「陣營」裡所採取的更強硬的立場，從而有助於具體化歐洲的東西分裂。

然後，一九四八年六月二十四日，史達林下了重手。為回應英美法三國復興並鞏固西德，蘇聯人突然封鎖西方盟國進入西柏林的陸上通道。西柏林是西方在柏林這個分裂城市裡的飛地，孤懸於蘇聯所占領的德東境內，離西德邊境一百二十五英哩。史達林孤立這塊飛地，欲藉此曝露其對手的罩門，從而使他所甚為憂心的建立西德國一事無緣實現。杜魯門的回應是以全天候的空運，把物資和燃料運送給西柏林兩百萬受困的居民，寫下冷戰初期最著名、最扣人心弦的篇章之一。一九四九年五月，史達林終於取消已無效的封鎖，以及一敗塗地的公關操作。蘇聯這記笨拙的反擊只成就一件事，即加深東西分裂，挑起美國和西歐境內反蘇民意，而原本希望四強能達成解決德國問題方案的機會，也被摧毀了。一九四九年九月，西方列強創立德意志聯邦共和國。一個月後，蘇聯在其占領區建立德意志民主共和國。歐洲的冷戰界線就此清楚劃下，而德國一分為二正反映了更廣大歐洲的一分為二，一方是美國所領導的區域，另一方是蘇聯所領導的區域。

一些西歐高階外交官，尤其英國外長貝文相信，正快速發展的歐美關係，只有透過正式的跨大西洋安保協議，才能予以鞏固。為此，這位魁梧的前勞工領袖成為一九四八年四月「布魯塞爾條約」的主要推手。貝文希望英、法、荷、比、盧五國簽署的這個相互協防協議能作為西方同盟的基礎。他所追求的，乃是一個使美國人對西歐事務投入更多心力、減輕法國人對德國東山再起的焦慮、並使蘇聯人不敢妄動的機制——也就是，誠如某粗略但不失貼切的流行說法所言：「讓美國人始終待在裡面、讓蘇聯人始終待在外面、讓德國人始終起不來」的工具。北大西洋公約組織符合貝文和杜魯門政府的需要。杜魯門政府等於替自己研擬的圍堵策略添加安全錨。一九四九年四月四日，北大西洋公約組織在華府簽署成立，把布魯塞爾條約的簽約國、義大利、丹麥、挪威、冰島、葡萄牙、加拿大和美國一同納入相互協防條約裡。每個會員國同意，對其中任一會員國的攻擊視為對所有會員國的攻擊。對美國來說，攬下這個重擔，代表其反轉了過去對外政策的招牌傳統。自十八世紀後期與法國結盟以來，華府首次與其他主權國家締結使自己無法脫身的同盟，或把自己的安全需要與其他主權國家的安全需要如此緊密結合在一塊。

美國在戰後歐洲打造的勢力範圍，或者「帝國」，與其說是野心的產物，不如說是恐懼的結果。此外，它是美國、西歐菁英利害趨同的產物。史學家蓋爾·倫德斯塔德（Geir Lundestad）把這個帝國稱作美國「受邀創建的帝國」（empire by invitation），而西歐菁英理當獲肯定為此帝國的共同創建者之一。從這方面看，蘇聯帝國與美利堅帝國有了重大差異，前者基本上是強加於東歐大部分地方的帝國，後者則源於合夥關係，而且此關係乃是共同的安全疑懼和彼此重疊的經濟需要所催生出來的。

歐洲分化為相敵視的兩個勢力範圍，的確是冷戰初始時一個至為重要的發展，但這非我們所要講述之故事的全部。冷戰若局限於對單單歐洲一地之支配力、影響力的爭奪，故事的發展會與它最終呈現的樣貌大不相同。因此，第三章把地理焦點轉移到亞洲，即冷戰在戰後初期的第二個主戰場。

# 第三章

# 亞洲走向「熱戰」，1945–1950年

亞洲成為冷戰的第二個主戰場——以及冷戰首度轉為熱戰之地。當然，相較於亞洲，歐洲所引發的爭議較大，得自美蘇的關注較多，也是這兩個反目的盟友在二次大戰剛結束時關係緊張的主要所在。雙方都在歐洲看出既攸關各自短期和長期之安全需要和經濟福祉的利益。誠如第二章所論，美國和蘇聯各在西歐、東歐發展出自己的勢力範圍並予以強化一事，構成冷戰初始階段的核心，德國則是冷戰的起點。但在歐洲，東西方避掉公開衝突——在一九四〇年代後期和接下來整整四十年皆然。同樣攸關華府和莫斯科利益（儘管程度明確較低）的亞洲，則沒這麼好運。最終有多達六百萬軍民在朝鮮半島、中南半島上，與冷戰有關的衝突中喪生。此外，

一九五〇年六月韓戰的爆發，加快美國與共黨勢力第一次直接軍事攤牌，而且一如其他重大事件，使冷戰變成全球性鬥爭。

## 日本：從死敵變成冷戰盟友

二次大戰使整個亞洲大陸有了深遠的改變。在二戰頭幾個月，日本如秋風掃落葉般連下數地——新加坡、馬來亞、緬甸、菲律賓、荷屬東印度群島、法屬印度支那等地，推翻西方在東亞的殖民體制，至少暫時推翻該體制，同時戳破西方統治者所倚恃的白種人優越的迷思。「英國人在遠東的帝國，倚賴威望而存」，當時一澳洲外交官論道，「此威望遭徹底打碎」。接下來日本人占領英國、法國、荷蘭、美國的殖民地，為合理化占領之舉，日本人喊出實為謀求私利但的確能打動人心的口號：「亞洲人的亞洲」，加速了亞洲各地區民族主義意識的滋長。日本人的占領也為戰爭結束後，爆發的民族主義革命打好條件。一九四五年八月十四日，日本倉促投降所留下的權力真空，使有志一展抱負的民族主義者好

整以暇組織、動員人力，實現他們的理想，即取代日本人和西方人的支配地位，由本地人當家作主

二次大戰剛結束那段時期，亞洲和非洲人民爭取民族自由與獨立的劃時代抗爭，係二十世紀推動歷史進程最強勁的力量之一。與美蘇在同時間為爭奪支配力、影響力所進行的較量大不相同，這些抗爭不管有沒有冷戰都會發生。但冷戰的確發生，而且鋪天蓋地的冷戰不可避免地左右了這些抗爭的走向、速度和最終結果。去殖民化和冷戰注定變得密不可分，既左右對方，也被對方左右，在亞洲和其他地方都一樣。

戰後，美蘇兩國似乎都未認識到東亞舊秩序已被太平洋戰爭打破，或未看出該戰爭所釋出的民族主義洪流，會在根本上給亞洲社會帶來多大的改變。蘇聯最初在東亞採行其一貫機會主義但謹慎的政策，這與其在戰後歐洲的作為完全不抵觸。史達林想要收回沙俄曾擁有的領土，重新確立其在中國東北和外蒙古的經濟特許權，並確保四千一百五十英哩長的中蘇邊界平靖無事。基於這些目標，蘇聯必須使中國常保友蘇且羸弱（分裂的話更好）避免與西方列強起大衝突，並約束當地共黨

的革命衝動。美國則提出涵蓋範圍較廣且工程浩大的外交政策方案，該方案的成功取決於拔掉日本的尖牙、把太平洋變成美國的內海、將中國改造為可依賴且穩定的盟友、鼓勵以溫和的辦法解決殖民地問題。

但首先，美國的計畫人員認為務必要使日本從此不再能威脅此地區的和平。為此，華府決定由美國，而且只由美國，監管戰後對日本的占領和重整。美國所追求的目標工程浩大、也清楚直接：利用美國之力消滅所有軍國主義殘餘勢力，同時協助促進自由民主建制的發展，藉此改造日本社會。在這方面，美國成就不凡。在專橫的麥克阿瑟將軍監督下，美國占領政權加快形形色色的改革：啟動廣泛的土地改革；通過勞動法，明訂集體談判權和規範工會成立事宜；改良教育；讓女人享有與男人一樣的權利。一九四七年五月的新憲法正式棄絕戰爭，禁止保有武裝部隊，為奉行法治的代議民主政體立下原則。用某史學家的話說，它「或許是世界史上規劃得最鉅細靡遺且由外力主導的大規模政治改變」。

德國由四強直接治理，且出於行政—政治目的，由四強各自劃地占領，而與德國的情況不同，日本由單一強權獨自占領。該強國施行間接統治，偏愛透過與務實日本政府官員的密切合作遂行其意志。日本的主權國家實體地位，當然完好無損，這點也與德國南轅北轍。

雖有上述這些顯著的差異，美國官員基本上把日本視為亞洲境內和（西）德國類似的國家（尤其在一九四七年後）：擁有先進工業基礎設施、熟練的勞動力、高超技術，使其既是此地區經濟成長不可或缺的推手，也是價值無可估量的冷戰戰略利器。隨著歐洲境內東西緊張加劇，美國在日本的占領政權，原本專注於改革和去軍事化日本這個前敵國，這時轉而一心促進日本經濟快速復甦。美國戰略家認為穩定、經濟強健、親美的日本，係美國遂行其在戰後亞洲所有政策目標所不可或缺的一環，一如穩定、經濟強健、親美的德國是美國遂行其在戰後歐洲所有政策目標所不可或缺。不管在德國還是日本，地緣政治目標、經濟目標都被織成一張綿密無縫的網。美國專家認為日本是亞洲最重要的國家，因為其具有成為東亞經濟復甦引擎的潛力，也因為其固有的戰略價值。一九四七年起，杜魯門政府亞洲政策的最高目標，是使穩定、繁榮的日本朝向西方。參謀長聯席會議向杜魯門示警道，如果東京落入共黨勢力範圍，「蘇聯的戰爭實力會增長四分之一」。一九四九年十二月，國務卿艾奇遜同樣從東西方整體均勢的角度說明日本的戰略價值。他強調，「日本若被納入共產集團，蘇聯會取得熟練人力和工業潛力，足以大大改變世界。」

有鑑於若失去日本損失甚大，美國官員一致認為，保護日本使免受外來共產主義威脅，同時為日本打預防針，以防內部感染共產主義，係美國在此地區的第一要務。儘管占領初期取得值得稱許的成就，但美國官員依舊不放心未來，尤其擔心東海對岸情勢的發展大不利於打造出重振活力且牢牢跟隨西方的日本。隨著一九四〇年代後期，中國共產黨在持續的中國內戰裡取得上風，美國分析家擔心歷來倚賴中國作為其最大海外市場的日本，久而久之會被拉進共產陣營。畢竟，誠如日本首相吉田茂所說的：「不管中國是紅是綠，中國是理所當然的市場。」日本的定向和中國的未來是不易切割開的兩個問題。

## 共產黨拿下中國

一九四九年十月一日，中華人民共和國宣告成立，不只代表毛澤東（圖3）和二十年前遭國民黨擊潰、追殺、幾乎消滅的其他中共領袖的巨大勝利，也標誌著冷戰的性質和地點有了根本的轉變——對戰略、意識形

圖3｜中國共產黨主席毛澤東。

態、國內政治影響甚大。

二戰期間，羅斯福政府以大量軍援、經援支持蔣介石政權，但始終無法令苛求的蔣介石滿意。羅斯福想要把中國軍隊打造成具有戰力的抗日部隊，把蔣介石政權打造成可靠的美國盟友，使其能在戰後亞洲事務上扮演促成穩定、制衡他方勢力的角色。為實現這些目標，一九四三年羅斯福於開羅和蔣介石會晤，就在中國領導人未獲邀參加的德黑蘭三巨頭高峰會前幾天。在開羅會談期間，這位美國總統把中國象徵性提升至大國地位，以討好蔣介石；接著羅斯福談到中國作為與美英蘇並列的「四警察」之一，將有助於維持戰後和平。他如此力捧中國，既為強化中美關係，也為彌補蔣介石所要求但華府未能提供的額外物資援助，還為使中國繼續參戰，防止中日單獨媾和，破壞大局。但不管是羅斯福的象徵性示好，還是他定期派至國民黨戰時首都重慶的軍事、外交代表團，都不足以說服蔣介石的軍隊在戰場上積極抗日。

到了一九四四年，美國駐華外交官已日益不看好深陷腐敗、貪污、無能泥淖的國民黨政權。國民黨政府則深信其生存的主要威脅，不是來自日本，而是來自中國共產黨。國民黨政府認為就算自身沒有大力相助，他們的美國盟友都會擊敗日本。在毛澤東高明的領導下，中共已在日本占領這幾年期間壯大為一股難以對付的軍事、政治力量，他們已控制華北、華中大部分地區。蔣介石和其親信未將更多兵力、作戰物資用於打入侵的日本人，而是選擇保留寶貴資源，留待戰後當他們免不了與共產黨攤牌之時。

在一九四五年二月的雅爾達會議上，羅斯福指望一個不尋常的對象幫忙解決美國在中國的政策兩難。蔣介石不願全力抗戰，讓羅斯福徹底醒悟，於是羅斯福尋求蘇聯於歐戰結束三個月內加入對日作戰，並得到蘇聯應許。史達林為此提出的條件：羅斯福答應幫助蘇聯取回沙俄時代在中國東北和外蒙古的特許權，為美國總統所接受，畢竟，在太平洋戰爭的最後階段，死傷據認將會極慘重，這位美國總統盡可能減少美國人在此階段的傷亡。八月十四日，蔣介石簽署中蘇友好同盟條約，同意給予蘇聯這些特許權，換取莫斯科承認國民政府的法定統治權。

出於同樣的意識形態，中共把史達林當成同志，因此，史達林與國民政府締約，自然令中共覺得遭同志出賣。史達林對俄羅斯國家利益的理性盤算，超越他對共產革命夥伴的任何感性忠誠。事實上，這位蘇聯統治者樂見中國孱弱分裂甚於強盛統一——不管中國由誰當家作主皆然。史達林希望中共依舊依賴且聽命於莫斯科，他察覺到若由民族主義氣息濃厚的團體掌權，可能致力於將全中國領土納入其統治，從而危害他所渴望建立的勢力範圍。這位打從骨子裡不喜歡冒風險的蘇聯獨裁者，也不想挑釁美國。能夠劫掠中國東北（蘇聯紅軍於一九四五年八月進入中國東北後就這麼做），並鞏固莫斯科剛在那裡和其他邊境地帶取得的商業利益，史達林就很滿足。在史達林眼中，毛澤東是個吵鬧、難以控制又不知天高地厚之徒，領導一群「人造奶油」[3]共產黨人。在蘇聯本國的需要面前，毛澤東的需要只能晾在一邊。

日本投降後，中國國內政治情勢江河日下。一如

3　編按：人造奶油（margarine）是奶油的替代品，史達林意指中國共產黨在沒有真正的馬克思主義者的情況下，他們只是冒牌貨。

蔣介石，毛澤東認為國共兩黨真誠攜手同心的可能性不大，內戰不可避免。在八月十一日的黨內指示中，他要中共幹部和軍事領導人「集中力量，準備打內戰」。整個一九四五年秋，國共兩黨軍隊在中國東北交火，蔣介石大舉動用美式裝備和運輸工具，欲將共軍逐出東北。

美國希望中國統一、和平、親美，但這份希望日益黯淡。一九四五年底，杜魯門總統派馬歇爾將軍赴華調停國共衝突。馬歇爾是他那一代最受敬重、戰功最彪炳的美國軍人。

一九四六年初，馬歇爾如願促成國共暫時停火，但不久戰火重燃。這位美國將軍誤以為建立國共聯合政府，讓國共共享權力可行，於是試圖打造出讓蔣毛都滿意的折衷方案。馬歇爾不偏向國共任一方，但兩黨之間難以消弭的歧見，使他的努力功敗垂成。國共兩黨互不信任，或不願與對方共享權力。到了一九四六年底，馬歇爾已斷定這場鬥爭只有靠武力才能解決，而且蔣介石無望取勝，情勢果如他所料。杜魯門政府繼續援助蔣介石政權（從日本投降至一九五〇年共援助二十八億美元），但此舉的用意，在於保護杜魯門政府的側翼，使其免遭國會和媒體裡支持國民政府者（所謂的中國遊說團）攻擊，而非出於光靠美國支持就能使無能的國民黨軍隊打贏內戰的信念。到了一九四八年底，挫敗惡化為潰敗，蔣介石和其親信逃往台灣。一九四九年十月毛澤東從北京天安門豪氣宣告中華人民共和國成立之舉，只是把大部分了解中國情勢的觀察家老早就預料到的結果確立而已。

共產黨打贏中國內戰，主要是中國內部諸多錯綜複雜的因素所促成，但不可避免影響冷戰。儘管華府與蔣介石關係不穩且充滿猜忌，美國還是支持國民政府；儘管莫斯科與毛澤東關係不穩且充滿猜忌，蘇聯還是支持中共，而美國所支持的國民政府敗於蘇聯所支持的中共之手。亞洲、歐洲和其他關注此情勢的觀察家，立即把中國內戰的結果視為西方的一大挫敗、蘇聯和全世界共產勢力的劃時代勝利。美國國內批評杜魯門者也這麼認為，痛批這位總統思慮不周，甚至背信棄義，因而失去中國。杜魯門政府的計畫人員則對共黨拿下中國平靜看待，認為那是美國一次令人失望的挫敗，但非十足的戰略大敗。首先，國務卿艾奇遜和其國務院高階副手，並未把貧困、百廢待舉的中國視為整個世界均勢裡極重要的一環——至少短期來看不是如此。因此，在中國的失利，不能與在歐洲、日本、乃至在中東的失利相提並論。其次，他們推斷共產中國未必發展成鐵板一塊的中蘇反美集團。美國資深戰略家相信，扞格的地緣政治野心不利於史達林的蘇聯和毛澤東的中國結為緊密的夥伴。最後，他們樂觀認為北京亟需經濟援助一事，會給予美國分化這兩個共產強權所需的破口。

有些史學家相信美國其實有一個絕無僅有的機會，可以在這個重要關頭和中國發展出友好關係，或至少就事論事的務實關係，但未能把握住。中共政府裡有些人的確想與美國建立正面關係，以取得中國所需的重建援助，以免過度倚賴克里姆林宮。在美國這一方，艾奇遜認為一旦「塵埃落定」，華府可給予北京外交承認，從內戰後殘破的中國搶救出其所能搶救的東西。然而，晚近的證據意味著，這一「失去的機會」其實始終不存在。毛澤東決心改造中國，而且西方帝國主義者長久以來糟蹋中國，令其怒不可遏，為此更堅定改造中國之意。由於這一決心的驅使，加上需要一個外敵來幫忙動員人民支持其在國內的宏大革命抱負，毛澤東自然而然倒向蘇聯陣營。於是，下屬所提北京應向華府遞出橄欖枝的建議，他一概否決。這位中國領導人反而在一九四九年十二月前往莫斯科，儘管受到仍心存提防的史達林冷淡對待，毛澤東還是談成中蘇友好同盟條約。這份中蘇條約載明若有一方受第三方攻擊，另一方必須出手援助。此時，冷戰已牢牢扎根於亞洲土壤，而此條約的問世或許是最讓人覺得不妙的冷戰象徵。

## 冷戰降臨東南亞

一如中國內戰與冷戰緊緊交纏，密不可分，戰後東南亞境內追求獨立的抗爭運動亦然。本土民族主義者和歐洲殖民列強都想要得到國際認可，也都需要搬出「東－西」方較量的大旗以取得外部支持。他們必須用冷戰的外衣來掩蓋各自的目標，以分別從兩個超級強權取得外交支持和物力支持。這些局限於特定地方的紛爭隨之「全球化」，從而建立一個普遍見於整個冷戰時期的模式。最初，美蘇兩國在東南亞都沒有攸關切身利害之處，或未看出這個遙遠地球角落的權力鬥爭、與歐洲境內更重要的外交爭鬥之間有何重要的關連。但要把這兩個區域所發出的挑戰當成兩碼子事並不容易，到了一九四〇年代後期，隨著中共拿下中國大陸，華府和莫斯科日益將東南亞視為東西方衝突的另一個重要戰場。

二次大戰之前，蘇聯從未對東南亞投以多少關注。此外，令人驚訝的，蘇聯遲遲才看出，他們能從支持該地反西方的革命叛亂，收割到地緣政治的好處，不管該叛亂是否由共黨領導。一如莫斯科，華府在緊接於二戰之後的那段時期，對東南亞關注甚少。一九四六年七月，美國迅即著手撤離其所擁有的殖民地，把該地主權井然有序地轉交給獨立親美的菲律賓政府。美國人的確在菲律賓群島維持明顯的駐軍，要求保有廣大的基地權，以便美國軍方掌握涵蓋整個太平洋的強大海空軍力。除了這些軍事基地，以及在此（一如在其他地方）追求和平、穩定、更開放貿易體制的普遍願望，在美國眼中，東南亞與美國的利害關係似乎不大。

杜魯門政府鼓勵英、法、荷三國效法其對菲律賓的處理方式，把文官政府的掌控權漸漸移交給當地親西方的菁英，同時在前殖民地的商業、安全、政治方面維持某種程度的影響力。一如在其他地方，在此地區長期的和平、繁榮攸關美國利益，在美國專家眼中，這是最有利於打造長期和平與繁榮的作法。在克萊曼·艾德禮（Clement Attlee）首相具進步觀念的工黨政府領導下，英國人採行了同樣的作法，經由談判完成英國在亞洲大部分領地的權力和平下放。印度和巴基斯坦一九四七年獨立，緬甸和錫蘭一九四八年獨立。另一方面，法國人和荷蘭人決意重新控制在戰時遭日本人奪下並占領的中南半島和東印度群島。他們不願屈從於英美所正確體認到的不可逆轉的歷史潮流，不只因此導致許多無謂的傷亡，還為戰後初期兩場最激烈的去殖民化鬥爭增添了鮮明的冷戰色彩。

對於法國—越南、和荷蘭—印尼的爭端，美國最初盡力維持不偏不倚中立的公正姿態，竭力避免得罪歐洲殖民主義者和亞洲民族主義者任一方，同時保住對兩方的影響力。但實際上，杜魯門政府從一開始就偏向其歐洲盟友；認為法國和荷蘭攸關新成立的反蘇同盟的壯大，因而不能高舉反殖民大旗，以免這兩國與美國為敵。越南、印尼民族主義運動的領導人胡志明和蘇卡諾，基於美國在戰時承諾贊成自決，爭取美國支持。美國對他們的請求充耳不聞，兩人大為失望，痛恨華府間

BOX 3

## 胡志明

這位著名的越南民族主義領袖，1890年生於相對來講社經地位較高且受過教育的越南家庭。他不願為法國殖民地政權效力，1912年離家，最終落腳於巴黎的越南流亡人士群體中。他在1920年加入法國共產黨，在蘇聯受過意識形態和組織方面的訓練，1920–30年代期間為共產國際工作，1930年創立印度支那共產黨。1941年回到睽違將近三十年的越南，創辦越南獨立同盟會（越盟）這個民族主義組織，以推翻法國人和日本人的統治。日本投降後，他於1945年9月2日宣告成立獨立的越南民主共和國。

接支持其所欲推翻的帝國統治集團〔Box 3〕。

一九四八至一九四九年，一連串彼此相關的東南亞境外因素，促使美國官員更加憂心且涉入東南亞事務。中南半島、東印度群島境內正熾的殖民地衝突，加上英屬馬來亞境內由共黨領導的叛亂，抵銷西歐復原的力道。東南亞的主要產物向來有助於英、法、荷三國維持其經濟活力和賺取美元的能力。但東南亞局勢不靖，不只使三國得不到此助力，而且吸走馬歇爾計畫和剛建立的大西洋同盟——美國最看重的兩項冷戰要務——所需的資金、資源、人力。美國專家相信日本的復原也正受阻於東南亞的政治不穩和隨之而來的經濟停滯。日本經濟要復原，需要海外市場。但隨著共黨鞏固其對中國的控制，美國決策者積極阻止其與中國大陸（戰前日本產品的最大市場）的貿易，生怕密切的商業往來會使東京和北京在政治上結成同一陣線。要解決日本出口困境，東南亞的替代市場似乎是最有希望的出路，但首先得平息該地區的政治、經濟動盪。亞洲人口最多的國家出現共產政權，係促使美國在東南亞採取更積極作為的另一個主要的外部因素。美國分析家擔心中國的擴張主義傾向；隱憂之一是中國可能用其軍力控制東南亞部分地方，中國可能為革命叛亂團體提供支持，則是隱憂之二。

為因應這些問題，美國對東南亞作出一連串新的承諾，以促使此地區政治穩定，同時壓制中國威脅。最重要的，美國揚棄其對中南半島爭端的準中立立場，轉而採取公開支持法國人的政策，一九五〇年二月正式承認法國人所扶植、由前越南皇帝保大領導的傀儡政權，並承諾給予直接軍援。對於正在馬來亞平定共黨叛亂的英軍，杜魯門政府也提高其援助。華府也承諾給予緬甸、泰國、菲律賓、印尼四國政府經濟和技術援助。經過與荷蘭人的一番苦戰，印尼於一九四九年十二月如願獨立，而印尼能獨立的原因之一，是美國在該地揚棄其準中立立場，儘管這次係為逼迫歐洲盟國承認一個看來立場溫和、明確反共的民族主義團體。

在美國察覺到危險之處，其冷戰對手則看到機會。深厚的同志情誼，加上共同的利益，有助於毛澤東、史達林、胡志明三人結成統一戰線。胡志明具有三十年共產主義者資歷，在共產國際多個部門服務過，而且愛越南之心公認無可挑剔。一九五〇年一月，他密訪北京，欲得到中國新統治者的外交承認和物資援助。次月，他前往蘇聯，親自請求史達林和毛澤東支持——當時毛澤東也在莫斯科，為後來所謂的中蘇友好同盟條約奔忙。一九五〇年初期，莫斯科和北京都給予胡志明剛成立的越南民主共和國正式的外交承認；不久，毛澤東批准向其越盟戰士提供軍事裝備和訓練。這位中國領導人相信，強化越南共黨實力有助於鞏固中國南疆安全，降低美國和其盟友帶來的威脅，且在亞洲的反帝鬥爭中躋身要角。毛澤東創立中國軍事顧問團，並派該團至北越協助統籌越盟抗法，助越盟擬定軍事大戰略。毛澤東對越盟所追求之目標的關注和其對越盟的支持，在一九五〇年六月韓戰爆發後升高，正如美國對法國軍事行動的關注和支持隨著韓戰爆發而升高。

## 戰爭降臨韓國

一九五〇年六月二十五日凌晨，一支兵力接近十萬的北韓進攻部隊，跨越北緯三十八度線進入南韓，該部隊配有一千四百多門火炮，以及一百二十六輛坦克。這場出其不意的入侵，把冷戰帶進更危險的新階段，影響所及不只亞洲，還遍及全球。杜魯門政府認定只有得到蘇聯和中國支持，北韓才敢發兵南侵——以現今可取得的證據顯示，此評斷屬實，而且深信此舉預示了共產主義強權所要發動的更大膽、更具侵略性的全球性攻勢，於是毫不示弱的予以回應。杜魯門政府立即派美國海空軍至朝鮮半島，遏制北韓攻勢，支持南韓防禦。眼看最初的介入扭轉不了局勢，杜魯門政府派出美國戰鬥部隊。由於聯合國譴責北韓南侵，此戰鬥部隊成為國際聯軍的一部分。杜魯門於六月二十七日的演說中向美國人民宣告，「攻打韓國之舉清楚表明共產主義已不只要顛覆，還要征服獨立國，進行武裝入侵和開戰。」他也在同一場演說中透露，他會下令美國第七艦隊巡戈台灣海峽，增援中南半島上的法國人，加快增援正在與激進的虎克[4]叛亂勢力作戰的親美菲律賓政府。美國在韓國、中國、中南半島、菲律賓的干預行動背後，有一個看法

---

4　編按：抗日人民軍（Hukbong Bayan Laban sa Hapon），簡稱虎克軍（Hukbalahap）或虎克（Huk），是日本占領菲律賓時期由農民成立的武裝游擊抗日部隊，1950年，菲律賓共產黨將其重組為人民解放軍。

在支撐，即以蘇聯和其中國小老弟為首，帶著敵意且展現侵略性的世界共產主義勢力，正對西方利益發動一場規模大到難以對付的聯合威脅。

韓戰對冷戰的衝擊甚大。韓戰不只導致冷戰加劇和擴及更多地方，使美國和共產主義強權的大範圍衝突儼然成真，助長「東－西」方之間的敵意，而且促使美國防務開支大增，以及更概括的說，促使美國對外政策軍事化和全球化。在亞洲之外，韓戰也加快北約的強化、德國的武裝、美軍的派駐歐洲。外交官查爾斯·博倫（Charles Bohlen）主張，「使美國成為世界軍事—政治強權的，並非二次大戰，而是韓戰。」史學家華倫·柯恩（Warren I. Cohen）說，韓戰「改變美蘇對峙的本質，使此對峙從全面的政治競爭轉變為由意識形態所驅使、可能危及地球存續的軍事化較量」。

然而，也誠如柯恩所指出的，「韓國內戰為戰後蘇美關係帶來重要轉捩點、提高世界大戰可能性一說，事後來看似乎一點都不荒誕。」二次大戰剛結束不久，韓國成為大國競爭焦點的可能性，的確似乎只比少許國家高。一九一〇年起遭日本占領、成為日本殖民地的韓國，在戰時會議上只是有待焦頭爛額的同盟國搞定未來歸屬的諸多次要、且鮮為人知的地區。在波茨坦會議上，美蘇同意以北緯三十八度線為界將韓國一分為二，由雙方分別占領；美蘇也同意朝向儘早建立獨立統一的韓國而努力。一九四五年十二月，在莫斯科的外長會議上，美國提議成立美蘇聯合委員會，為選出韓國臨時政府作準備，作為朝完全獨立邁出的第一步。蘇聯人同意此議。但不久，因冷戰緊張擴大，不利於莫斯科和華府達成合作或妥協，此計畫就胎死腹中。到了一九四八年，南北分治的局面已更加牢固。在北部，由前抗日戰士金日成領導的親蘇政權，具備了獨立自主政權的一切要素。不久，南部也成立政權：由長年堅決反共的韓國民族主義者李承晚領導的親美政權。雙方都不時作出要揮兵入侵之勢；北韓人和南韓人都無法接受國家永久分裂。

一九四八年，杜魯門政府想以優雅姿態卸掉韓國這個包袱，開始從朝鮮半島撤軍。美國防務計畫人員不只相信美軍已在世界各地擔負太多任務，超乎其軍力所能負荷，因而必須從朝鮮半島撤軍，還相信朝鮮半島所具有的戰略價值不大。兩年後北韓揮師南侵，使另一種想法受到重視。韓國本身的戰略價值或許不高，象徵意義卻甚大，從美國作為首爾政權之催生者、保護者的角度來看尤然。此外，北韓揮師南侵，得到蘇聯和中國的認可並支持，中蘇都意識到有機會以相對較低的風險拿到一個重大的地緣戰略勝利和具象徵意義的勝利。因此，北韓入侵既威脅到南韓政府的存續，也威脅到美國作為地區性、全球性強權的公信力。對杜魯門、艾奇遜等高層決策者來說，在韓國吃敗仗，損失似乎非常大。

於是，在無人發出異議的情況下，杜魯門迅即批准美軍介入。杜魯門於十一月三十日公開宣布，「如果聯合國屈服於侵略勢力，沒有國家可保安全或安穩。如果侵略者在韓國得逞，可想而知侵略行徑會擴及全亞洲和歐洲，再擴及此半球。我們在韓國作戰，係為我們自己國家的安全和生存而戰。」

這一聲明發表於「中國人民志願軍」參戰之後，而共軍參戰徹底改變了韓戰的性質——也可說改變了冷戰的性質。麥克阿瑟派兵於仁川登陸，從側翼攻擊北韓軍隊，藉此於一九五〇年九月扭轉戰局，從而使杜魯門和其軍事顧問開始過度自信。聯合國部隊在麥克阿瑟指揮下於十月七日進入北韓領地，到了十月二十五日，一些前鋒部隊已抵達位於中國—北韓邊界的鴨綠江。聯合國部隊更逼近中國領土時，毛澤東告知史達林，他決定派兵越過鴨綠江。他解釋道，「理由在於我們如果任由美國占領朝鮮全境，朝鮮革命力量遭受根本性挫敗，接著美國人會更猖狂，令整個東亞受害。」毛澤東也看出韓戰結果對整個地區和全球的影響。麥克阿瑟原本輕蔑低估中國的軍事威脅，但十一月底，他的軍隊已幾乎要被趕出北韓。他告知參謀長聯席會議：「我們面臨一場全新的戰爭。」

那時，世界也面臨全新的冷戰，冷戰的範圍已遠遠越出歐洲。中國毛澤東政權的出現、中蘇同盟、蘇聯和中國支持北韓冒進、美國和聯合國軍隊介入朝鮮、接下來中國軍隊參戰、東南亞民族主義團體裡存在共黨分子——這一切使得冷戰會在未來很長時間一直是影響戰後亞洲局勢的重要因素。韓戰分不出勝負，一九五三年七月，參戰各方終於簽署停戰協定，而該協定所達成的，幾乎就只是交換戰俘和回到戰前狀態。三十八度線依舊

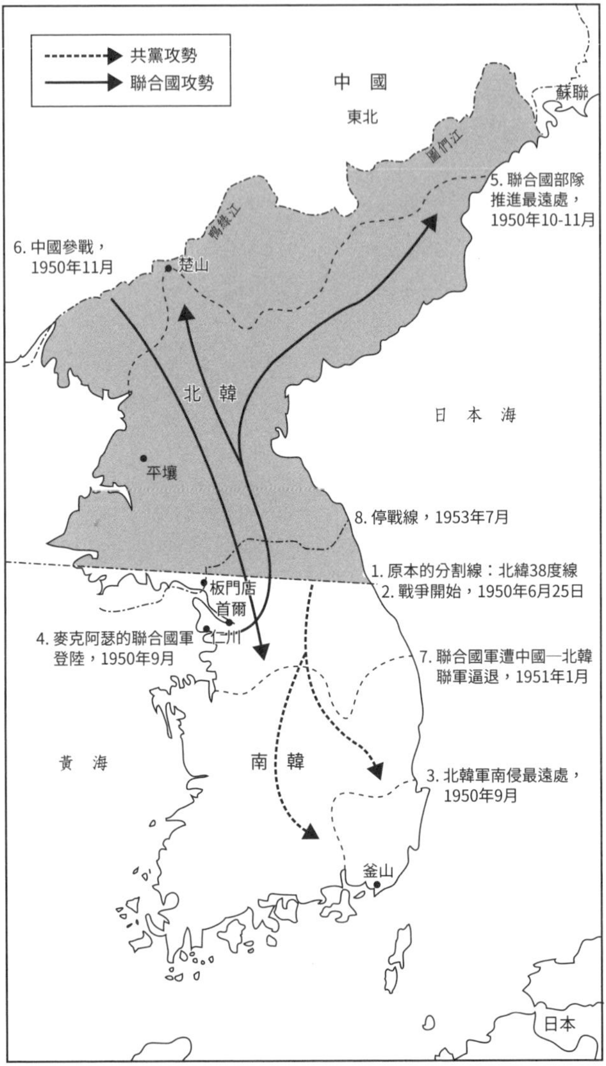


地圖2 | 韓戰，1950-1953年。

是個不祥的分界線——不只是南北韓，也是「東－西」方集團的分界線（地圖2）。

# 第四章

## 全球冷戰，1950–1958年

隨著韓戰爆發，冷戰的範圍日益全球化。韓戰爆發後的十年裡，世界只有少數角落得以免被捲入超級強權的對抗、競爭和衝突。事實上，一九五〇、六〇年代國際主要的熱點——伊朗、瓜地馬拉、中南半島、台灣海峽、蘇伊士、黎巴嫩、印尼、古巴、剛果，都遠在冷戰的最初範圍之外。只有一九五八年和一九六一至一九六二年先後兩次引發蘇美危機的柏林，屬於二次大戰剛結束時首度導致東西方關係破裂的那一批爭端。

這時期，冷戰地點基本上從國際體系中心移至其邊陲。美國人和蘇聯人都在亞洲、中東、拉丁美洲、非洲的開發中區域看出重要的戰略價值、經濟利益和心理優勢，欲在這些地方取得資源、基地、盟友和影響力。一九五〇年代，這些區域都已是美蘇鬥爭的中心地，而且此一局面在一九六〇、七〇、八〇年代維持不變。相對的，歐洲境內的東西分立格局變得很穩定；美蘇兩國領導人愈來愈無意在歐洲兵戎相向，因為認知到在中心的任何大規模對峙幾乎百分之百會演變成核武對峙。冷戰期間爆發的戰爭，幾乎全都在開發中世界開戰。一九四五至一九九〇年間。據估計有兩千萬人死於戰爭，其中只有二十萬人不是死於開發中世界諸多地區的衝突。

但美蘇間可怕的核子軍備競賽，也在冷戰的第二個十年裡加劇，使世人更加憂心誤判或無法控制的對抗升級，會導致駭人的破壞和無數生靈塗炭。冷戰地點從中心擴及邊陲、歐洲局勢變得相對來講較和平穩定、兩陣營核武庫逐漸擴大——這些主題構成本章探討的重點。

## 日趨穩定的「東－西」方關係

韓戰促成冷戰的軍事化和全球化，但令人意想不到也有助於穩定美蘇關係，同時降低兩超級強權兵戎相對的可能性，將歐洲東西分立格局確立下來。北韓南侵後，美國決策者深信他們此時面對一個更具侵略性、更機會主義的敵人，日益憂心西歐難以抵禦蘇聯突然的軍事攻擊，於是投注更多心力強化北約。至一九五〇年後期，杜魯門已不顧參眾兩院重量級共和黨議員反對，派四個美軍師至歐洲；開始將北約改造為具有一體化指揮結構、不折不扣的軍事同盟；任命甚得人心的二戰將軍艾森豪為北約第一任最高指揮官；並提出德國重新武裝的計畫。

西德重新武裝成為杜魯門政府的第一要務。美國戰略家認為德國人力攸關歐洲防務；也認為若要把德意志聯邦共和國牢牢鎖在西方陣營裡，若要撐住親美西德總理康拉德・艾德諾（Konrad Adenauer）的政府，必須讓德國重新武裝且完全恢復主權。但給歐洲帶來前所未見之慘劇的希特勒政權覆滅沒多久，就要讓德國重振軍力，法國等歐洲盟邦一想到就害怕。為減輕他們的恐懼，美國同意歐洲防禦共同體（European Defence Community）之議。此議由法國人率先提出，主張透過一套複雜的安排，讓西德得以建立有限的軍力，然後將德國軍力納入更大的西歐軍隊裡。

蘇聯人欲打斷德國重新武裝的過程未能如願。一九五二年春，蘇聯向西方陣營發出一批外交照會，要求建立統一且中立的德國。想到德國會東山再起，而且其潛藏的經濟—軍事力量受西方調度和駕馭，史達林和蘇聯政治局再度憂心忡忡，於是開始尋找威脅程度較低但仍具有風險的德國問題解決辦法。但華府立即回絕莫斯科的倡議。對美國來說，統一且中立的德國是戰略夢魘；這樣的德國可能會在一段時日後倒向蘇聯陣營，從而打破歐洲均勢。那正是杜魯門政府所決意防止的事。蘇聯人不久只好接受德國永久分裂的既成事實，為了回應此事，蘇聯於一九五四年三月承認東德為主權國，即德意志民主共和國。史達林和其繼任者認識到，重新武裝且享有主權的西德成為美國領導陣營的一分子，會使經濟、軍事天平大幅倒向西方；但蘇聯也體認到，相較於重新統一、自主、再度成為歐洲政治的平衡力量，並且對蘇聯的未來潛在威脅的德國，分裂的德國至少風險較低。

到了一九五〇年代初、中期，西方與蘇聯戰略家看待德國問題時，想法其實已開始走向令人驚訝的一致。

這一趨同現象有利於歐洲局勢的穩定，並和緩東西方的緊張關係。誠如英國外長塞爾溫・洛伊德（Selwyn Lloyd）在一九五三年六月私下所說的：「在歐洲分裂之際把德國統一，即使實際可行，對各方來說還是充滿危險。因此，每個人（艾德諾博士、俄羅斯人、美國人、法國人和我們自己）都暗自認為，就眼下來說，分裂的德國較穩當。由於顧慮到對德國輿論的影響，當然我們沒人敢公開講。因此，我們都公開支持德國統一，但按照自己的方式支持。」

法國國民議會於一九五四年夏，否決歐洲防禦共同體條約，英國迅即擬出替代辦法，以實現將西德再度軍事化、再度整合進西歐的目標。他們的計畫得到艾森豪政府贊同，要求以北約作為約束性的框架，德國的重新武裝得在該框架內進行。同年稍晚，在巴黎一場盛大會議上，北約諸國同意這個旨在重新武裝西德、恢復西德主權、終止美英法占領的新方案。一九五五年五月，享有完整主權的德意志聯邦共和國加入北約。

雖然一路走來諸多不順，美國還是談成具法定約束力的德國協議，確立北約得到強化、注入新活力且有重新武裝、享有主權的西德，從而達成其最重要的歐洲政策目標。美國也如願促成巴黎、波昂和解，推動政治上更為整合、經濟上更有活力的西歐。

「美國的用意係創造一個繁榮的、非共產主義的歐洲，」史學家梅爾文・勒弗勒（Melvyn P. Leffler）指出，「其目標是挫敗克里姆林宮欲在戰時拿下西歐、在平時威嚇西歐、或把西德誘入其陣營的任何企圖。」歐戰結束幾乎整整十年後，這一基本目標似乎就要實現。

一九五三年初期，華府和莫斯科的領導階層都面臨冷戰起始以來的第一次人事變動。但新上任的高層領導人，幾乎未著力於降低美蘇的互不信任和相互猜疑（兩超級強權陷入僵局的主要因素）。艾森豪和其首席對外政策顧問、國務卿約翰・福斯特・杜勒斯（John Foster Dulles）決意以較其民主黨籍前任更大的力道面對冷戰。一九五二年的共和黨綱領裡，出自杜勒斯之手的某個段落，痛批民主黨在對外政策上犯了「悲劇性的大錯」，把杜魯門政府的圍堵策略斥為「消極、徒勞、不道德」的政策，「使無數人任由專制、不信神的共產主義擺布」。一九五三年三月俄羅斯長年的獨裁者史達林去世，而且繼他之後掌權的集體領導班子提出含糊的和平提議，即便如此，艾森豪和其高階戰略家仍一如以往認定他們面對的是一個執意作對且居心不良的敵人。他們認定蘇聯構成軍事、政治、意識形態上的頭號威脅；也認為蘇聯是個似乎不理會互諒互讓之傳統外交作風的對手，因此，要對付蘇聯，只能憑藉壓倒性的力量。「這是個勢不兩立的衝突，」杜勒斯於確認其新職的聽證會上告訴參院外交關係委員會。素孚重望的邱吉爾再度出任英國首相，呼籲召開高峰會，以檢驗與莫斯科達成外交折衷方案的可能性，但艾森豪駁回此議，私下認為這是愚蠢地倒向姑息的冒進之舉。

蘇聯新統治者對重新武裝德國和強化北約之舉的回應，是進一步強化其對東德的控制。一九五三年六月，東德境內爆發大規模罷工、示威和其他抵抗蘇聯統治的行動，加上南斯拉夫的約瑟普・布羅茲・狄托（Joseph Broz Tito）日益獨立自主，突顯莫斯科在其所謂的勢力範圍裡的控制地位有多薄弱。一九五五年五月十四日，蘇聯成立華沙公約組織，正式確立蘇聯與其東歐「盟邦」（德意志民主共和國、波蘭、匈牙利、捷克斯洛伐克、羅馬尼亞、保加利亞、阿爾巴尼亞）的安全互助關係。華沙公約組織是鬆散的軍事同盟，把它的創立理解為對西方在德國和北約之主動作為所發出的防禦性反應最為貼切。此組織的問世，象徵歐陸的東西分立格局更加牢固。一天後，蘇聯即連同戰時同盟國美英法，與奧地利簽訂和約。此約終結同盟國的占領，奧地利則宣告成為享有主權且中立的國家。莫斯科也向西方提出中止軍備競賽的新提議，致力於和南斯拉夫達成求同存異的協議，在開發中世界展開一連串大膽的外交作為。

蘇聯這些舉動使邱吉爾老早就想辦的高峰會更容易實現，而承擔這些行動的是桀驁不馴但能靈活變通的共黨首腦赫魯雪夫——後史達林主義時代領導階層公認的老大。一九五五年七月，蘇美英法四國政府領導人在日內瓦會晤，這是自十年前波茨坦會議以來第一次的會晤。雖然在德國、裁軍或其他重要爭議上未獲致突破性進展，但此會議本身似乎就預示了東西方關係就此要走上較為合作與和解之路。從最廣義來說，日內瓦會議進一步確定雙方對歐洲現狀的默認——以及雙方都不會冒險發動戰爭來推翻現狀。值得注意的，此會議閉幕兩個月後，莫斯科給予西德外交承認。

一九五六年二月，蘇共於莫斯科召開第二十屆黨代表大會，赫魯雪夫向與會代表發表了重要講話，痛斥史達林在國內所犯的罪行和對外政策的錯誤。這位蘇聯領導人四小時的閉門講話，呼籲與資本主義列強「和平共存」，承認通往社會主義的道路不只一條。這次講話的內容不久就廣為散發，令共產黨員和非共黨人士同感震驚。眼看蘇聯會放鬆對東歐的掌控，東歐境內有志改革者大受鼓舞。知識分子、學生、工人旋即測試克里姆林宮對多元性和國家獨立自主的容忍極限。六月，長年騷動的波蘭境內，勞資糾紛迅即演變為公然抵抗蘇聯的表現。赫魯雪夫動用紅軍壓下華沙的民族主義暴亂，然後一反既有的走向，同意讓前波蘭總理瓦迪斯瓦夫·哥穆爾卡（Wladyslaw Gomulka，先前在史達林整肅行動中遭撤職的改革派）出任波蘭共黨新主席。

匈牙利境內出現了類似的騷動，結局卻更為悲慘。十月二十三日，由學生領導的全國示威升高為反對蘇聯駐軍的公然叛亂。十月底，伊姆雷·納吉（Imre Nagy）的改革派政府決定退出華沙公約組織，宣告匈牙利為中立國並籲請聯合國支持，赫魯雪夫對東歐境內政治改革再也無法容忍。這位蘇聯統治者私下忖度，若任由事態發展，「美國人、英國人、法國人會更加猖狂」。十月三十一日，英法聯手入侵埃及，加上艾森豪尋求連任的選戰進入最後幾天，給了這位俄羅斯領導人動武的「有利時機」。於是，十一月四日，二十萬蘇聯、華沙公約組織士兵，在五千五百輛坦克支援下，開始以壓倒性武力鎮壓匈牙利叛亂分子。接下來爆發一場實力懸殊的衝

圖4｜1956年11月，匈牙利人抗議蘇聯入侵。

突，奪走約兩萬名匈牙利人性命和多達三千條蘇聯人性命（圖4）。十一月八日，叛亂已遭敉平。事前，艾森豪政府力挺解放的漂亮說詞和帶有煽動性的自由歐洲電台的廣播，為反蘇怒火大力加薪添柴，但事發後只是一臉焦慮看著俄國殘酷鎮壓，無計可施。老實說，美國人不願為蘇聯勢力範圍裡的事冒全球大戰的風險，就和蘇聯人不願為西歐的局勢冒全球大戰的風險一樣。到了一九五〇年代中期，某種大國秩序已在歐洲出現；已有一些學者使用「長久和平」（Long Peace）一詞描述二戰後的歐洲。但對某些人來說，誠如匈牙利人所痛苦體認到的，那一秩序付出了極高的代價。

## 第三世界的動亂

第三世界的開發中國家，大多經歷過數十年、甚至數百年西方殖民統治，而出於若干原因，這些國家成為一九五〇年代美蘇競爭的焦點之一。在本書中，我使用「第三世界」這個在冷戰期間普遍使用的詞，指稱亞洲、非洲和拉丁美洲的大部分國家和民族。此詞源於以下的冷戰概念：這個遼闊的地理區，經濟上和政治上都不同於第一世界（美國和其在歐洲的諸多主要盟邦）和第二世界（蘇聯集團）。學者和決策者也常以「開發中世界」（和較有貶意的「低度開發世界」）一詞，當成「第三世界」的同義詞或替代詞。冷戰結束以來，學者和記者愈來愈多使用「全球南方」（Global South）一詞指稱世界的這個部分。我在本書中兼用第三世界、開發中世界、全球南方三詞。

政治學家羅伯特·傑維斯（Robert Jervis）主張，「在第三世界，若處理不好可能葬送掉：雙方對自己目標之正當性的看法、自己價值觀的普適性、對歷史站在哪一方的問題所給的答案。」最廣義來說，華府和莫斯科都認為全球南方改變的速度和方向，用史學家文安立（Odd Arne Westad）的話說，證實了「自身意識形態的普適性……雙方都在第三世界看到只有自己國家才能完成的特定使命，以及只有自己國家能為第三世界完成的特定使命。」更具體的說，美國國家安全計畫人員認識到，第三世界區域的資源和市場係世界資本主義經濟的健全、西歐和日本的經濟復甦、美國本身的商業、軍事需要所不可或缺。西方的經濟—軍事活力，其實很大一部分靠其與開發中世界的連結取得；中東石油攸關西歐承平時期的需要和北約戰時的需求，正是說明這點的最淺白例子。蘇聯人鎖定未靠向美蘇任一方的第三世界國家，竭力爭取朋友和盟友，以稀釋西方的力量，尤以死守教條的史達林去世、外交手腕較靈活的赫魯雪夫掌權後為然。克里姆林宮運用外交、貿易、慷慨的開發貸款，以取得影響力和資源、基地的使用權，尤其針對亞非國家這麼做，同時削弱西方的掌控力。馬列主義發展模式打動許多第三世界知識分子和政治領袖，蘇聯僅用一個世代時間就從落後躍升為軍事—工業巨人，令他們大為佩服。

此一成就有利於克里姆林宮爭取到朋友和支持，而西方帝國主義、種族主義、傲慢作風、繼續控制第三世界當地資源之舉，敗壞了西方名聲，使美國的外交工作較難得心應手。美國決策者在一九五〇年代期間開始相信，邊陲爭奪戰的結果，很可能使世界均勢轉而有利於或不利於西方。一九六一年二月，美國國務卿狄恩·魯斯克（Dean Rusk）向參院宣布，蘇聯在開發中世界「加大許多」的努力，表明蘇美鬥爭已「從西歐境內的軍事問題」轉變為「對低度開發國家不折不扣的爭奪」。他示警道，「如今我們投身於對非洲、拉丁美洲、中東和亞洲的爭奪戰，從一開始就不是軍事上的較量，而是為了取得影響力、威信、忠誠等等，若敗北，損失會非常大。」

一九五一至一九五三年的伊朗危機，幾乎具體而微地體現上述這些重大主題。此危機源於伊朗本土民族主義政權和一西方強權之間的鬥爭；伊朗政權決意拿回本國經濟控制權，西方強權則不願重議一樁極有賺頭之石油開採特許權的條件。民族主義情緒激切的伊朗領導人穆罕默德・摩薩台（Mohammed Mossadeq）於一九五一年春將英伊石油公司（AIOC）的油田、煉油廠收歸國有，從而引爆危機。伊朗境內龐大的石油蘊藏係伊朗最值錢的資源，長年以來卻被英國人所擁有的英伊石油公司獨占，而這位伊朗總理想要讓自己國家從本身的石油蘊藏獲致更大利潤。英國悍然拒絕與摩薩台政府協商並祭出杯葛伊朗石油之舉，緊張情勢日益升高，此情勢染上了濃濃的冷戰色彩。最初，美國對伊朗心存體諒，認為這是自命不凡的第三世界政權對於長久以來規範工業化國家和低度開發國家間之不成文規則，所發出的挑戰，不過，美國也從伊朗的北方鄰居看到更嚴峻的威脅。杜魯門政府主動表示願出面調解，因為擔心出現破壞情勢穩定的對峙，屆時蘇聯肯定會從中得利。但英國人不願妥協，使得美國調解無功，並促使摩薩台迎來蘇聯援助、在國內向親蘇的伊朗人民黨爭取支持。艾森豪政府見狀，即與英方聯手暗中行動，拉下摩薩台，同時讓親西方的伊朗國王巴勒維（Mohammed Reza Pahlavi）以專制君主身分重掌大權。

英伊爭端的起因與冷戰毫無關係，但推動美國政策的因素，係美國對蘇聯冒險主義的憂心——不管此冒險主義受到何種程度的誇大。美國暗中干預伊朗事務，是因為冷戰初期的兩個中東政策：決意遏制蘇聯擴張，使其無法將此地區新興的後殖民時代國家納入其勢力範圍，以及決意保護西歐取得重要石油來源。「讓西歐擁有充分的石油供給，其重要性幾乎相當於讓我們擁有充分供給，」艾森豪於摩薩台下台後向某顧問說道。「為了自保，西方必須保住取得中東石油的管道。」

第二件帶有濃厚新殖民主義色彩的爭端，源於英國與埃及之間由誰來控制龐大的開羅—蘇伊士軍事區。此爭端也妨礙美國打造穩定、親西方的中東，間接導致一九五〇年代期間最嚴重的國際事件，即一九五六年蘇伊士危機。此危機肇始於埃及不願支持美英於一九五〇年代初中期所欲組建的、針對蘇聯的防衛組織。與倫敦失和所滋長的憤恨，使埃及人不願和他們眼中繼續搞帝國擴張陰謀的西方合作。眼見埃及和其他重要的阿拉伯國家不願與西方列強簽訂集體安保協定，美英轉而側重中東「北層」國家[5]。於是，一九五五年二月，英國、土耳其、巴基斯坦、伊朗、伊拉克簽訂「巴格達公約」。這是結構鬆散的安全互助協定，旨在將對蘇的圍堵防禦擴及中東。美國的施壓和承諾給予大量軍經援助，有助於此協定的談成，但華府決定不直接參與，以免疏遠其仍欲交好的那些阿拉伯國家（地圖3）。

這一原本為了穩定情勢的作為，結果卻適得其反。

---

5 譯註：「北層」（northern tier）國家，指中東地區與蘇聯接壤的土耳其、伊拉克、伊朗和巴基斯坦等國家。

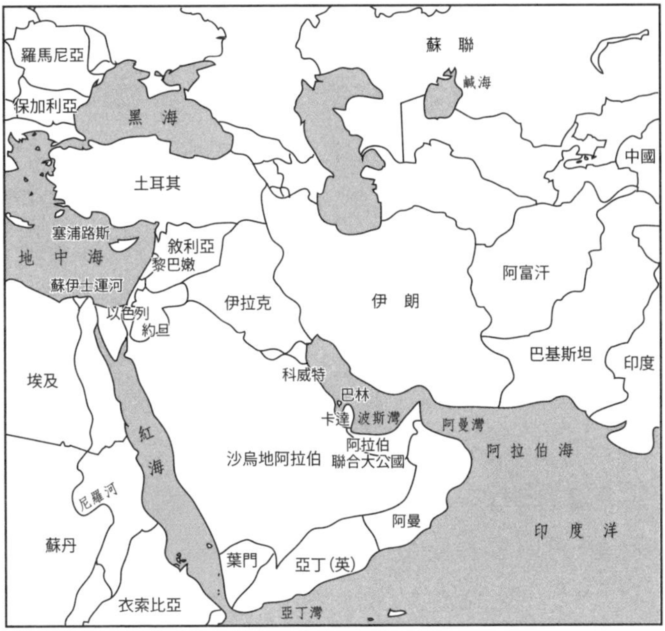


地圖3｜中東，1956年。

巴格達公約的問世，令埃及的民族主義強人納瑟（Gamal Abdel Nasser）覺得是公開敵對之舉，因為保守的伊拉克是簽署該公約的唯一阿拉伯國家，也是埃及在阿拉伯世界裡的傳統對手。一九五五年秋，納瑟與捷克斯洛伐克簽約購買武器，以反制伊拉克，當時伊拉克與西方支持的巴格達集團有了連結而軍力大增。一九五五年十二月，艾森豪政府驚恐於埃及似乎要倒向蘇聯陣營，遂以利誘拉攏：大筆資助亞斯文大壩工程——埃及浩大開發計畫的核心。但埃及支持突擊隊襲擊以色列、在對外政策上續走中立路線、以及於一九五六年五月承認中華人民共和國等作為惹火美國。一九五六年七月十九日，美國國務卿杜勒斯突然宣布要收回對亞斯文大壩的資助提議。「願你被自己的憤怒噎死，」不願屈服的納瑟怒斥美國。世界銀行行長尤金·布拉克（Eugene Black）向杜勒斯示警道，「事態可能一發不可收拾」。

七月二十六日，納瑟以行動證明布拉克很有先見之明。他突發驚人之舉，把屬於英法的蘇伊士運河公司收歸國有，保證會有效率的營運這條重要的國際水道，並且以其營收作為他極看重之大壩工程的資金。經過幾次亂無章法的談判（杜勒斯在談判中想方設法避免公開衝突），英國、法國和以色列三國聯手，於一九五六年十月下旬聯合向埃及出兵。令美國盟友驚愕的是，美國強力譴責三國的入侵行動，稱其為公然無理的軍事侵略，十一月五日蘇聯譴責對埃及的攻擊，煞有介事的揚言，英法若不立即收手將遭受報復，蘇伊士危機突然轉變為可能產生嚴重後果的東西方對峙。美國持續施壓盟邦有助於雙方停火，從而化解了危機，雖然美國人研判該事件應該只是虛驚一場，但仍招徠蘇聯的恫嚇。

蘇伊士危機結束後，美國在中東擔起更大的責任。艾森豪最擔心的事，是英法勢力在此地區衰退後，蘇聯趁虛而入。誠如一九五七年元旦他向一群國會議員所說的，「中東既有的真空，美國必須趁俄羅斯尚未進入之前就先予以填補。」一月五日，艾森豪向國會提出所謂的艾森豪主義，創造了一筆特殊資金，用於向中東親西方政權提供軍事與經濟援助，也揚言如有必要會動用武力，以阻止「被國際共產主義控制的國家明目張膽的武裝侵略」。此時，美國戰略家認為中東處於冷戰前線，而含糊其辭的艾森豪主義的確表明美國愈來愈管定這個地區的事務。一九五八年，伊拉克流血政變推翻了親西方君主政權，使美國在中東的公信力受到質疑，同年，在艾森豪主義為行動準則之下，美國派兵至黎巴嫩。但即使美國派兵進駐、祭出經濟優惠、提出外交方案和調停提議，依舊無法打消導致中東局勢不穩的最深層因素

——以阿紛爭、阿拉伯人對西方帝國主義根深柢固的痛恨、以及激進的泛阿拉伯民族主義。

此時，東南亞成為冷戰激烈交手的另一個地區。美國決策者擔心，這個苦於嚴重經濟難題的地區情勢普遍不靖、從殖民地轉為獨立國的轉型脆弱且不完整、中南半島和馬來亞境內仍然未停的殖民地衝突，使整個東南亞有利於共產主義滲透。美國分析家認為，若在此失手，損失會非常大。美國國務院高階蘇聯事務專家之一，查爾斯·博倫嚴正表示：「把東南亞輸給」共產主義，會對整個均勢影響甚大，若走到這一步，「我們會輸掉冷戰」。一九五二年中期，國務卿艾奇遜提出類似的看法，向英國外長艾登激動表示，「我們如果不奮戰，拱手讓出東南亞，我們就輸了」，因此「我們必須竭盡所能保住東南亞」。

如果說蘇聯利用區域騷動插旗中東一事，成為美國在該地區最擔心的事；中國以公然的軍事侵略實現擴張一事，則是美國在東南亞最擔心的事。一九五二年六月獲杜魯門批准的一份政策文件中，國家安全會議詳述了華府最憂心的事。該文件示警道，若有哪個東南亞國家變節投向中蘇集團，「會對心理、政治、經濟產生嚴重影響」，「極可能導致該地區其他國家跟著快速屈從於共產主義或站到共產主義那一邊」。簡而言之，可預期會發生骨牌效應，即如果共產主義控制一國家，在未遭到立即且有力的反制後，將導致共產主義控制這整個地區——而且可能侵害的範圍進一步擴大。若走到這一步，會重創西歐、日本的經濟，使西方得不到重要的戰略性資源，打擊美國作為世界強權的公信力和威望，並且加強了歷史勢頭在共產主義而非西方民主國家身上的說法。

在中南半島，由共產黨領導的越盟叛亂勢力，自一九四六年起一直挫敗法國人的平亂攻勢，而這有部分得歸功於中國給予越盟無可估量的軍事、後勤援助。於是，中南半島似乎是共產勢力最有可能取得突破性進展的地方，隨之成為美國在東南亞圍堵行動的重點所在。美國的軍援係法國得以持續和越盟作戰所不可或缺，軍援始於韓戰爆發前不久，接下來幾年有增無減。但到了一九五四年初，法國人民和政府已厭倦於這場代價高昂、曠日廢時、極不得人心的衝突。他們不聽美國人的勸告，想要透過外交，優雅退場。於是，一九五四年五月，在日內瓦召開了以中南半島為主題的大國會議。不久，越盟在越南偏遠西北部的奠邊府拿下決定性勝利，打敗於該地嚴陣以待的法國守軍。這些情勢發展加快法國在中南半島統治的終結。西方列強無法在會議桌上贏回已在戰場上失去的，同意以北緯十七度線為界將越南暫時一分為二，北越歸胡志明。這位越南領導人的中蘇盟友，力勸他既已拿下一半，就該心滿意足，他因此大為失望。中蘇盟友如此規勸，係因為不想激怒美國人，不想在韓戰才停火不久，就再做出可能導致和西方再次軍事對峙的事。

這一結局，不只代表法國顏面盡失的失敗，也代表美國在冷戰上的全球性挫折。眼見此結局無可挽回，艾森豪政府想盡可能防止事態進一步惡化。為防止共產勢力在東南亞繼續推進，美國人於一九五四年九月帶頭創立東南亞條約組織（SEATO）。這是個鬆散且如同紙老虎的反共同盟，旨在向中國和蘇聯表明反共決心，成員有美國、法國、英國、澳洲、紐西蘭、菲律賓、泰國和巴基斯坦。艾森豪、杜勒斯和他們的同事也立即著手在南越以美國的影響力取代法國的影響力，把美元、美國顧問、美國軍事裝備大量投入新成立的越南共和國，以防其被北越吞併，不管是透過武力或是投票來吞併，皆是美國所不樂見。親美的南越總理吳廷琰認定將於一九五六年舉行的全越南選舉，胡志明會大勝，於是取消選舉。越南隨之繼德國、韓國之後，成為又一個因為冷戰情勢緊張、統一風險太大而分裂的國家。

一九五〇年代期間，在中東、東南亞、整個第三世界，美國愈來愈常以暗中行動實現其對外政策目標。事實上，中情局成為美國決策者愛用的冷戰工具，因為中情局保證辦事有效率且省錢，免於動用傳統武裝部隊，一旦被揭露，否認就得了。一九四九至一九五二年，中情局人員編制與預算大增，中情局海外站從七個增為四十七個。誠如先前已指出的，一九五三年，中情局係推翻伊朗總理摩薩台的功臣之一。隔年，在驅逐瓜地馬拉左派領袖哈科沃·阿本斯·古斯曼（Jacobo Arbenz Guzman）上，中情局同樣功不可沒。阿本斯把美國所擁有的聯合水果公司收歸國有，以及容忍瓜地馬拉不成氣候的共產黨，在美國看來，就是個危險的極端主義者，將為蘇聯提供機會，插旗西半球。美國判定摩薩台、阿本斯親共，但晚近大量學術著作所確切證明的，卻大大背離事實，美國對伊朗、瓜地馬拉的干預，表明美國對第三世界政治風向的改變有多擔心。中情局在伊朗、瓜地馬拉成功執行任務，給該機構罩上近乎所向無敵的神祕氛圍，很可能使艾森豪和其後數任總統更願意動用往往收到反效果的祕密手段。例如，一九五七年暗中對付敘利亞反西方政權，隔年欲拉下印尼蘇卡諾而進行極其魯莽的準軍事行動，同樣都適得其反。這兩樁行動都遭揭露，對美國所欲實現的目標弊大於利。然而，祕密行動搞上了癮，難以戒掉，部分原因在於預算壓力，若能省錢省事，誰又願意放棄——一如美國極倚賴核武來實現對外政策目標。

## 軍備競賽

韓戰後美蘇都開始大幅增添軍武——傳統武器和核武。一九五〇至一九五三年，美國擴增兵力一百多萬，也大幅添造飛機、軍艦、裝甲車和其他傳統作戰工具。

美國核武擴增幅度更為可觀。一九五二年十月，美國成功測試一枚熱核裝置，亦即氫彈，威力比用於廣島、長崎的原子彈大上許多。一九五四年十月，又成功引爆一枚威力更大的氫彈。投射系統也有同樣長足的進展。到一九五〇年代底之前，美國的核嚇阻力量依賴中程轟炸機，這種轟炸機從位於歐洲的前沿基地起飛，在轟炸過蘇聯領土後可飛回基地。但一九五〇年代結束時，美國已提升其核武打擊力，部署了約五百三十八架B-52洲際轟炸機，能從美國境內基地打擊蘇聯目標。一九五五年，艾森豪也下令發展能從美國領土發射核彈頭打擊蘇聯的洲際彈道飛彈。一九六〇年，美國已開始部署其第一批洲際彈道飛彈，以及其第一批潛基彈道飛彈。

這些部署使美國擁有了令人艷羨的轟基、陸基、潛基「三合一」核武，每種核武都能消滅蘇聯重要目標。美國核武數量從一九五三年艾森豪主政第一年的一千枚彈頭，增至他在任最後一年一九六〇年的一萬八千枚。那時，美國的戰略空軍司令部已擁有一千七百三十五架能對蘇聯目標投擲核彈的戰略轟炸機。

蘇聯竭力趕上。一九五〇至一九五五年，紅軍擴增兵員三百萬，打造出兵力將近五百八十萬的武力——後來，一九五〇年代中期，為減少難以負荷的國防經費，赫魯雪夫下令裁軍。蘇聯的兵力顯著凌駕美國和北約之上，但在其他軍力指標上，幾乎每一項都大大遜於西方，從而抵消了兵力上的優勢。在核武領域，差距特別顯眼。蘇聯於一九五三年八月成功測試其第一個熱核裝置，一九五五年十一月成功測試威力更大的熱核裝置，但蘇聯的投射能力依舊甚弱。一九五五年之前，蘇聯一直無法對美國施以核打擊，於是，出於嚇阻考量，倚賴僅能打擊西歐目標的轟炸機。一九五〇年代底，蘇聯戰略轟炸機隊若要飛抵美國本土上空，依舊只能從北極圈基地起飛進行單向轟炸飛行，而這樣的飛行任務易遭美國攔截。直到一九六〇年代初期，蘇聯才開始製造並部署洲際彈道飛彈，而且儘管一九五七年蘇聯發射了第一顆繞地球軌道飛行的人造衛星「史普尼克」，並對此成就大吹大擂，在所有重要的科技實力指標上，蘇聯還是落後美國。一九五三年國家安全會議開會討論美蘇核武實力差距後，艾森豪說他的蘇聯對手「肯定嚇得要死」，正一語道出雙方差距。

弔詭的是，一九五〇年代後期，美國某些人開始批評艾森豪任由美蘇之間出現「飛彈實力差距」（mission gap）。這些批評源於以下的憂心：莫斯科於一九五七年八月第一次成功試射洲際彈道飛彈，並在兩個月後發射第一枚人造地球衛星，意味著美國所吹噓的科技優勢受到嚴重打擊。俄國人不僅在太空領域領先美國，而且赫魯雪夫動不動就誇耀蘇聯正在發展的長程彈道飛彈的數量之多，導致連某些頭腦清醒的戰略分析家都開始擔心蘇聯軍事科技大躍進。許多人煩惱權力天平會從西方倒向東方，有些人認為美國人吃不了苦，加上美國學童數學、科學能力衰退更助長此趨勢。艾森豪依舊不為所動。祕密飛過蘇聯上空的偵察機所拍回的照片，讓他知道上述說法並非事實，美國在可投射的核武方面依舊保有非其對手所能趕上的優勢。不過，這一飛彈實力差距說，在政治上鬧得沸沸揚揚，在一九六〇年的總統大選中，這一根本不存在的差距成為激化選情的議題。

有史以來，軍備競賽一直是國際對抗的特點。冷戰時期的軍備競賽之所以與眾不同，當然出於核武。學者、政策分析家、官方戰略家長久以來反覆思考，手邊有破壞威力無比巨大的武器可用，對冷戰的樣貌和進程有何種影響。這個疑問既非常重要，又難以有確切的答案。一方面，核武大概使超級強權的關係趨於某種程度的穩定，幾可確定降低了公開的戰爭行動在歐洲發生的可能性。北約針對擊退蘇聯傳統式入侵所制定的基本戰略，建立在任何歐洲戰爭都可能是核戰的認知上；於是雙方均極力避免衝突，以免給攻守雙方都造成大量死亡。在一九五六年一月美國國家安全會議的某場會議上，艾森豪強調在所有關於核戰略的辯論中，他所謂的「凌駕一切的考量因素」——「亦即熱核戰沒有贏家」。

另一方面，艾森豪在入主白宮頭一年期間也接受以下的官方原則：「一旦發生戰爭，美國會認為核武和其他武器一樣現成可用。」他的政府在一九五三年十一月批准將最早的戰場核武導入德國，主導將龐大核武、投射裝置的擴增，提倡「大舉報復」（massive retaliation）作為美國主要防衛原則，並在韓戰最後階段和在一九五四至一九五五年台灣海峽危機期間（為嚇阻北京）揚言動用核武。

簡而言之，在原子時代頭十五年期間，對於核武和核武在實現國家安全目的上的價值，美國人表現出有點矛盾的心態。他們在公私場合疾呼動用核武是至為愚蠢又沒有贏家，同時卻又在核武上力求明顯勝過對手一籌。美國在核武上領先群倫一事，幾可確定，誠如第五章將表明的，促使美國在後來的台灣、柏林、古巴諸危機時較敢冒險一搏，激化已然非常危險的冷戰。

# 第五章

# 從對峙到緩和，1958–1968年

一九五〇年代後期，冷戰進入或許是最危險的階段，核子大戰的可能性在這期間來到最高。一連串危機，以一九六二年華府和莫斯科為了蘇聯在古巴設置飛彈問題陷入前所未有的對峙為高峰，把世界帶到危險的核戰邊緣。美蘇甘冒戰爭風險和言詞之尖銳，為一九四〇年代後期以來所首見。

蘇聯總理赫魯雪夫誇耀蘇聯的經濟、科技實力，並發出不久後蘇聯造飛彈就會像製臘腸一樣的驚人之語，令美國觀察家直打寒顫。一九六一年一月，他信誓旦旦說莫斯科會積極支持民族解放戰爭，即他所謂「只要帝國主義存在，只要殖民主義存在，就會繼續」的戰爭。這位俄羅斯統治者很愛把「共產世界注定會埋葬西方」掛在嘴上。

新當選的美國總統甘迺迪不甘示弱，在同月的第一次國情咨文講話中，懇請國會提供足夠的資金，以使「自由世界的力量強大到足以使任何侵略明顯徒勞」。他說，不管是蘇聯還是中國，都「已露出支配世界的野心」。這位年輕總統表示未來全球情勢前景黯淡，指出他「在國家陷入險境的時刻」講話，嚴正表示美國「不一定有把握」撐得過去。甘迺迪強調，「每天，危機大增。每天，危機的解決都變得更難。隨著武器擴散，敵對勢力更加強大，每天，我們更加逼近最危險時刻。」

本章探討讓一九五〇年代後期和一九六〇年代初期危機似乎始終未消的事件和因素，也檢視華府和莫斯科間始於一九六三年的局部修好，以美國涉入越南可能就此打斷此段修好之勢。

## 「最危險」年，1958–1962年

從一九五八至一九六二年，東西方陷入一連串前所

未有的對峙，其中數起涉及核子邊緣政策[6]。光是一九五八年，就有美國暗中介入印尼、親西方的伊拉克政府遭流血政變推翻、美國隨之派海軍陸戰隊至黎巴嫩、美中為台灣和美蘇為柏林展開一連串可能引發嚴重後果的攤牌諸事。

一九五八年七月十七日，即美國海軍陸戰隊登陸黎巴嫩僅僅兩天之後，毛澤東批准針對與美國在台灣海峽對峙一事作準備。他的用意在於「把美帝困住，證明中國支持中東民族解放運動不只口頭說說，還付諸行動」。這位中國領導人深信，如此大膽的行動會使赫魯雪夫可鄙的溫和表現受到譏笑，從而為北京贏得第三世界革命勢力老大的地位，同時也有助於動員中國人民支持其激進的國內政策。八月二十三日，毛澤東開始炮擊由蔣介石的國民政府軍隊據守的離島金門、馬祖。如同一九五

---

6 編按：邊緣政策之詞是由當時的美國國務卿杜勒斯率先引用，指的是透過軍事行動推近戰爭邊緣，以說服其他國家屈從的戰略。1952年，杜勒斯接受《生活》雜誌訪問時，把邊緣政策定義為「把事情推到其邊緣而沒有演化為戰爭的能力是必要的藝術」。在冷戰時期，邊緣政策被美國政府充分用來迫使蘇聯讓步。

四至一九五五年危機時艾森豪和杜勒斯的反應，他們立即懷疑此番炮擊說不定是全面入侵台灣的序曲，而根據條約，美國保證防衛台灣。艾森豪的回應，係要美軍全面戒備，派一支強大的艦隊急赴台灣海峽，批准增派配備核武的部隊至該地區。他竭力嚇阻中國侵略，展現壓倒性的軍力，加上公開挑明保台決心。

九月上旬，赫魯雪夫派外長安德烈．葛羅米柯（Andrei Gromyko）赴北京化解危機。葛羅米柯聽到中國一再表達不惜一戰的勇氣，「大吃一驚」。東道主一度告訴他，他們明白他們的行動很可能導致一場與美國的「局部戰爭」，但他們「準備好接下所有重擊，包括原子彈和城市被毀」。事實上，美國準備以核武回應。艾森豪的軍事顧問力促用低當量核彈對付中國軍事設施，他們承認那會造成數百萬平民傷亡。赫魯雪夫在九月十九日發了封語帶威脅的信給美國總統，信中他強調莫斯科也有「原子彈和氫彈」，從而加大了輸贏的賭注。他警告道，美國若對中國動用這類武器，「會引發世界大戰」，從而「必定使某些美國子弟喪命」。

十月六日，毛澤東單方面宣布，只要美國不再派護航艦隊至台灣海峽，他就會停止炮擊金馬一週，危機隨之減輕。這場危機以語帶不滿的抱怨，而非以大打大殺收場，卻點出這個出奇緊繃的冷戰時刻所呈現的幾個重要特點。首先，毛澤東明知與美軍事對峙很可能招來美國對中國大陸施以毀滅性的核打擊，卻還是這麼做。他如此魯莽放手大幹，點出中國在冷戰政局中所扮演的、行事無法預料的危險角色。其次，台灣海峽僵局說明美國願意再度跨過核武禁忌，即使為了一個根本無關緊要的地方亦然。艾森豪政府認為毛澤東的冒險行動是對美國公信力的嚴厲測試，因此必須予以嚴正回應；光靠傳統武器守不住台灣，核武和揚言動用核武就成為唯一的嚇阻手段。毛澤東若堅不退縮——若真的向美國叫陣，就沒理由相信艾森豪不會核准用核武對付中國。最後，這場危機突顯中蘇日益升高的緊張關係對冷戰局勢的影響。這兩個共產大國在爭奪共產世界老大的地位時，均要展現自己的強悍和意識形態的純正，兩國之間的猜忌和競爭日益成為破壞國際局勢穩定的因素。

赫魯雪夫掀起下一場重大的冷戰危機，用意之一乃為反駁蘇聯面對西方已變弱且優柔寡斷的說法。這位和毛澤東一樣敢不顧後果大幹一場的蘇聯領導人，選擇柏林下手。一九五八年十一月十日，他突然宣布莫斯科打算與東德簽新約。根據諸多二戰協議，前德國首都這時仍處於被同盟國聯合占領的反常局面，而該新約將取代這些協議。在接下來的宣告中，赫魯雪夫表示柏林必須轉型為去軍事化的「自由市」，如果西方列強想繼續存在於柏林市內，想保住來往柏林的過境權，限他們在一九五九年五月二十七日前的六個月內與德意志民主共和國直接談判。這位蘇聯統治者推估華府極不願為離西德邊界百餘英哩的一個城市冒戰爭的風險，深信他能讓世人見識到蘇聯對外政策的魄力和大膽。他也打算藉此撐住東德，因為東德已為其境內人民經由通行無阻的柏林邊界不斷投奔西德而困擾不已。赫魯雪夫以其一貫愛耍狠的作風，要外長葛羅米柯照會美國，還在其中揶揄道，只有「瘋子才會為了保住占領國在西柏林的特權不惜又掀起一場戰爭」。

蘇聯的挑戰打中西方最易受傷害的軟肋。美國和其主要的北約夥伴一致認為，放棄他們在柏林的權利，或與東德政權直接談判從而授予該政權正當性，猶如向依舊高舉德國統一目標的康拉德·艾德諾的西德捅一刀。但誠如蘇聯也無疑體認到的，為孤懸於蘇聯勢力範圍裡的一個守不住的西方前哨站高談開戰，肯定會在西方社會裡滋生爭論。事實上，英國首相哈羅德·麥克米蘭（Harold Macmillan）坦然告知美國官員，英國人「不願意為了兩百萬柏林德國人，他們的前敵人，擔上被消滅的風險」。艾森豪政府深信其公信力和西方同盟的存續危在旦夕，於是再度選擇堅不退讓——再度冒著最糟可能演變為核戰的風險。艾森豪、杜勒斯和參謀長聯席會議都很清楚，靠傳統軍事工具守不住西柏林；鑑於該市極具象徵意義，他們打算若有需要，不惜動用核武保住西方在該地的權利。

赫魯雪夫看出美國堅決要維護現狀，即使冒著兵戎相向的風險也在所不惜，隨之允許五月二十七日的期限作廢。這位俄羅斯強人改弦更張，提議四強外長開會，討論柏林等使東西方水火不容的問題，盤算著接下來召開一場高峰會。有一點值得強調，即美國在核武上的壓倒性優勢，似乎使美國人在一九五〇年代後期的柏林危機、台海危機時更敢放手一搏，而且一旦迫不得已，敢於以美國核武邊緣策略逼蘇聯退縮。

應艾森豪之邀，赫魯雪夫於一九五九年秋訪美，促成蘇美關係的暫時和緩——被新聞界稱之為「大衛營精神」。兩國領袖解決不了柏林僵局，但同意出席隔年春天的巴黎高峰會。但就在巴黎高峰會召開前不久，俄羅斯人打下一架在烏拉爾山上空的美國高空U-2偵察機，蘇美關係遭受重擊。美國自一九五六年起執行的U-2偵察飛行，讓艾森豪掌握了關於蘇聯飛彈計畫——和其局限——的重要情報。赫魯雪夫不但沒有淡化處理，反倒利用此事大收宣傳之利，在艾森豪公開否認有這類飛行之後，赫魯雪夫戲劇性放出美籍飛行員法蘭西斯·蓋里·鮑爾斯（Francis Gary Powers），讓艾森豪下不了台。不待正式會議開始，赫魯雪夫即步出巴黎高峰會會場。艾森豪任期快結束時，美蘇關係比他八年前剛上任時還冷淡。不久，關係還會更糟。

一九六一年六月，在維也納會晤美國新總統甘迺迪時（圖5），赫魯雪夫重新點燃一直在悶燒的柏林危機。這位個性衝動的蘇聯領袖事先照會甘迺迪，說如果柏林的地位沒有改變，他打算與東德另行簽訂和約。他咄咄逼人地說如果美國想要為了柏林開戰，「蘇聯只能任由事態發展……歷史會評斷我們的對錯。」這位尚未受過考驗的美國領袖為赫魯雪夫的威脅語調忐忑不安，深信他的國家和他個人的公信力受到直接挑戰。甘迺迪推斷，唯一切實可行的應對之道是展現強硬姿態；後退只會招來蘇聯侵略其他地方。他在七月二十五日的演說中誓言，「我們不能、也不願讓共產黨把我們趕出柏林，不管是漸漸趕出或強行趕出皆然。」為了替其悍然不屈

圖5：1961年6月，維也納峰會上，甘迺迪與赫魯雪夫。

的公開講話打造後盾，甘迺迪請求國會增撥三十二億美元的國防預算、准許行政部門召集後備軍人，增撥兩億七百萬美元，以啟動放射性落塵防護計畫，使美國人為日後的核攻擊做好準備。

赫魯雪夫對西方叫戰的背後，有顆令蘇聯集團寢食難安的定時炸彈：東德人驚人的叛逃速度。從一九四九至一九六一年中期，約兩百七十萬東德人（相當於愛爾蘭共和國全國人口）逃到西方，大部分利用柏林這個逃逸艙口。這一令人難堪的問題，大大削弱莫斯科附庸國東德和其強硬派領導人瓦爾特．烏爾布里希特（Walter Ulbricht）的自力生存能力。整個一九六一年仲夏，隨著每日叛逃人數更多，東德人突然開始建造帶刺鐵絲網，把前德國首都的蘇占區與西方諸國占領區隔開。八月十三日的臨時鐵絲網，不久就變成配有武裝衛兵的永久牆，歐洲分裂為西方、共產兩集團，成為醜陋且不祥的象徵。戰爭的確避掉了，而且赫魯雪夫能為德意志民主共和國提供某種生命保障，但這些成就係在蘇聯、東德付出高昂政治代價、宣傳代價的情況下取得。講究實際的甘迺迪思忖道，「這不是很好的解決辦法，但牆總比戰爭好上許多。」對這位美國總統來說，所幸他始終不必去面對一個根本問題，即是否值得為柏林打一場幾可確定會奪走數千萬條性命的戰爭。

在這個危機頻仍的時期，還有其他的國際熱點讓莫斯科和華府的決策者無法等閒視之，其中許多都源於始終動蕩不安的第三世界。雖然非洲境內帝國的終結相對來講較順利，光是一九六〇年就有十六個非洲國家獨立，但那一年比利時在剛果的統治亂糟糟收場，帶來又一個不折不扣的超強對峙。當蘇聯派送軍事裝備和技術人員前去支持剛成立的帕特里斯·盧蒙巴（Patrice Lumunba）政權時，美國派出一支暗殺小組欲除掉麻煩纏身的盧蒙巴，但未能得手。盧蒙巴是狂熱的民族主義者，但美國人誤判他是激進的野心分子，是俄羅斯用來掩飾其真實意圖的工具。一九六一年，親美的剛果部隊殺掉盧蒙巴，完成了中情局未竟的任務；同時，美國所中意的人選約瑟夫·穆布托（Joseph Mubuto），成為新剛果政府裡最有權勢的人物。美國就此暫時如願挫敗蘇聯在中非洲的野心，代價則是這個貧困、飽受衝突摧殘的前殖民地被迫玩起冷戰地緣政治遊戲。

一九五〇年代後期和一九六〇年代初期，中南半島情勢也激化，再度成為重要熱點。在南越，美國所支持的吳廷琰政權正在打擊受到多方人民支持的叛亂勢力。叛亂勢力受越南南方民族解放陣線指導，民族解放陣線則受北越共黨指導，叛亂勢力威脅到吳廷琰政權的生存。一九六一至一九六二年，甘迺迪大幅增加美國對南越政權的軍事援助，派去萬餘名美國顧問，以協助消滅這些所謂的「越共」游擊隊。那時，越共游擊隊已控制南越約一半的領土和人口。此時，鄰國寮國境內由共黨人士領導的巴特寮[7]，得到來自北越、蘇聯的後勤支持，似乎就要一路打到永珍奪取大權。一九六〇年十二月，在新舊任總統交接會議中，艾森豪告知甘迺迪，寮國是「目前整個東南亞地區的關鍵」。他語帶憂心示警道，或許不久後就需要派美軍前去阻止巴特寮拿下寮國。

---

7　編按：巴特寮（Pathet Lao）是寮國自由民族統一戰線和寮國愛國戰線的統稱，活躍於1950–1975年間。廣義上，巴特寮泛指寮國共產主義運動。

## 劍拔弩張：古巴飛彈危機和其影響

但對此時的美國來說，最令人憂心的區域是距離佛羅里達最南端才九十英哩的島國古巴。個性火爆且具領袖魅力的卡斯楚是土生土長的革命分子，最初以山勢嶙峋的馬埃斯特拉山區為基地打游擊，從該地一路征戰至哈瓦那，奪下政權。一九五九年元旦推翻不得人心的獨裁者暨美國的長期盟友富爾亨西奧·巴蒂斯塔（Fulgencio Batista）後，卡斯楚立即發布雄心勃勃的革命綱領，旨在使古巴擺脫經濟與政治上對美國長年的依賴。從一開始，艾森豪政府就對這個一臉濃鬍的年輕激進分子心存提防，極力抵抗古巴革命對美國財產利益的侵犯。既為反制美國的敵對，也因為他本身的意識形態傾向，卡斯楚求助於蘇聯，歡迎其外交和經濟支援。赫魯雪夫認為這是天賜良機，可以在其主要對手的後院挑戰對手。哈瓦那和莫斯科建立密切的外交、貿易關係後，艾森豪政府於一九六〇年夏對古巴施以貿易禁運，暫時取消古巴的糖進入美國市場的優惠待遇，並透過中情局密謀暗殺卡斯楚。艾森豪也批准武裝、訓練一批古巴流亡人士，以便日後充當入侵部隊。

一九六〇年總統大選期間，甘迺迪反覆強調古巴問題。他把卡斯楚稱作「最大危險的根源」，痛斥艾森豪和副總統尼克森（尼克森是甘迺迪競選總統的最大對手）讓一「共黨衛星國」出現在「我們家門口」。甘迺迪於十一月大選獲勝後，艾森豪鼓勵甘迺迪擴大流亡人士計畫。為報復卡斯楚政權將美國企業收歸國有和其與蘇聯愈走愈近，處於看守階段的艾森豪政府在一九六一年一月正式與古巴斷交。

甘迺迪決意一舉消滅卡斯楚，四月批准發動最終一敗塗地收場的豬玀灣入侵行動。這項軍事行動建立在此前提上：卡斯楚的民意支持度甚低，一千四百名受過中情局訓練的突擊隊一登陸，古巴人民會揭竿而起，推翻這個共黨獨裁者。事實證明這是個可笑的計畫；不到兩天，卡斯楚的部隊就擊潰並俘虜這小夥流亡人士，讓剛上任的甘迺迪嘗到難堪的政治挫敗。這位民主黨籍總統再怎麼後悔自己太過魯莽，依舊無法接受西半球境內持續存在一個蘇聯的灘頭堡。於是他下令重啟破壞、顛覆卡斯楚政府的祕密行動，中情局則在白宮同意下發動一連串愈來愈古怪的計畫，以暗殺古巴的「最高領袖」。卡斯楚後來回憶道，「若非當初美國一心要消滅古巴革命，原本不會有十月危機。」此言不無道理。

十月危機，又稱古巴飛彈危機，構成整個冷戰期間最危險的蘇美對峙，兩個超級強權——和世界——來到離核戰毀滅最近的時刻。危機爆發於一九六二年十月十四日，一架U-2偵察機拍攝到古巴境內施工中的某些遠程彈道飛彈場的照片（圖6）。兩天後，情報圈呈給總統確鑿無疑的照片，證明蘇聯已在古巴設置飛彈。這些照片的內容令美國人驚恐：古巴已從蘇聯接收十六至三十二枚飛彈，其中既有射程達兩千兩百英哩的遠程彈道飛彈，也有射程達一千零二十英哩的中程彈道飛彈。中情局估計，這些飛彈大概再不到一個星期就可以派上用場，一旦裝上核彈頭，若朝美國大城發射，能造成多達八千萬人傷亡。甘迺迪認為這一驚人的新情勢嚴重威脅美國安全，於是成立國家安全會議的執行委員會，要其向他提供意見，為他所知不久後就得作出的痛苦決定打造共識。這位總統和其核心圈自始就認為古巴境內出現核子飛彈絕對不可接受，因此一致同意必須儘快移除。

圖6｜1962年10月，古巴聖克里斯托巴，中程彈道飛彈場。

最棘手的問題是用哪種手段可不引發核衝突，又最有把握達成目的，而執行委員會近乎全天的會議，就圍著此問題進行。

赫魯雪夫為何用如此公然挑釁的方式賭一把？根據現在可取得的證據，一九六二年五月這位蘇聯總理決定冒險在古巴部署核武，出於數個讓他覺得應該如此的理由。首先，他想阻止美國入侵古巴，進而保護一個已和蘇聯站在同一陣線的政權（圖7）。藉此，他也能打消日益敵對的中國所加諸的挑戰，奪回克里姆林宮作為全世界社會主義革命力量之軍事、意識形態源頭的歷史地位。此外，或許最重要的，赫魯雪夫在遭遇重重難關的

圖7｜1960年9月，聯合國，赫魯雪夫與卡斯楚擁抱。

古巴革命裡，看到彌合美蘇彈道飛彈之巨大實力差距的良機。他後來思忖道，「美國人在我們國家周邊設置許多軍事基地，揚言用核武對付我們，如今他們會懂得被敵人飛彈瞄準的滋味」；「我們所會做的，就只是給他們一些他們自己的藥。」

蘇聯在一九六二年中期所擁有的可投射核彈頭大大少於美國——僅及美國的十七分之一，有鑑於此，赫魯雪夫炮製的古巴飛彈危機，雖然不會改變整個戰略態勢，卻使能打擊到美國目標的蘇聯核彈頭增加一倍或甚至兩倍。即使不是戰略上的，從心理上和政治上來說，這些飛彈會使美國在超強關係中屈居下風。

古巴於六月同意克里姆林宮的提議後，蘇聯開始暗中於該島部署可觀的軍力。除了擬議中的遠程、中程彈道飛彈，莫斯科還提供用以保護這些地點的地對空飛彈、四十二架輕型伊留申-28轟炸機、另外四十二架米格-21戰鬥攔截機、以及四萬兩千名蘇聯士兵。當時美國分析家有所不知的，古巴境內的蘇聯部隊也配備戰術（也就是短程）核武，蘇聯准許當地指揮官於美國入侵時動用。數十年後，甘迺迪當時的國防部長羅伯特·麥納馬拉（Robert S. McNamara）得知一九六二年十月古巴境內已有九件戰術核武器時，他激動地說，「這很嚇人，意味著美國若真的入侵……九成九的機率會引發核戰。」

危機頭幾天，入侵古巴的確是甘迺迪的執行委員會所權衡的主要選項之一。雖然美國全面入侵古巴一事受到強力反對，包括參謀長聯席會議反對，以外科手術式空襲夷除飛彈的看法亦然，甘迺迪選擇較謹慎且風險小許多的作法。他決定出動海軍封鎖或隔離古巴，以防再有軍事裝備送到古巴。十月二十二日，甘迺迪透過電視向全國人民說明此威脅的嚴重性，並概述他的隔離決定。甘迺迪強調，如果有蘇聯飛彈從古巴射向西半球境內任何目標，美國會把那視為「蘇聯對美國的攻擊，從而使美國必須對蘇聯發出全面的報復性反應」。十月二十四日，蘇聯船隻在隔離線外停住，避掉令人憂心的對峙，美國諸決策者鬆了一口氣。國務卿魯斯克留下了這句名言：「報導此事時記住，互瞪著眼珠子時，他們先眨了眼。」

但危機尚未結束。飛彈場施工未停；南佛羅里達聚集了十四萬名可用於入侵古巴的士兵；甘迺迪要美國戰略核武部隊高度戒備。在十月二十六日給甘迺迪的信中，赫魯雪夫發出和解之意。這位蘇聯領導人把美國的封鎖斥為海軍劫掠行為，但表示願意從古巴撤走飛彈，前提是美國得保證不入侵古巴。隔天，情勢出現令人困惑的轉折，赫魯雪夫公開另一封給甘迺迪的信，在這封好戰意味較濃的信中，這位俄羅斯統治者突然拉高平息紛爭的價碼，不只要求美國保證不入侵古巴，還要求美國從土耳其撤走丘比特彈道飛彈。這些飛彈於同年更早時部署於土耳其，讓蘇聯體認到自己的核劣勢，在蘇聯看來特別羞辱人——儘管美國核專家認為它們的戰略價值微乎其微。

十月二十八日，情況似乎要失控時，美蘇談判人員達成初步的解決辦法。在總統之弟，司法部長羅伯特·甘迺迪扮演重要角色下，美國提出折衷辦法；此辦法大抵以赫魯雪夫的第一封信為本，故為莫斯科所接受。於是蘇聯同意從古巴移走飛彈；美國則保證不入侵古巴。赫魯雪夫立即在電台廣播中揭露此協議的梗概。赫魯雪夫還有一重要舉動，但當時未遭披露。他透過私人信函知會甘迺迪，日後從土耳其移走丘比特飛彈也是此協議的基本部分，羅伯特·甘迺迪先前已向蘇聯代表答應此事。然而美國堅決不允，於是移走丘比特飛彈一事未和複雜的古巴問題明確掛鉤，因為土耳其境內飛彈嚴格來講歸北約管，非美國管。

過去六十年，學者、政策分析家、前政府官員就這場差點帶來浩劫之危機的各種面向激辯過，見解往往南轅北轍。有些人吹捧甘迺迪高明的危機處理和緊張關頭依舊冷靜的表現，另有人痛批這位美國總統不惜招來核戰，幾乎可以肯定數千萬美國人、蘇聯人、古巴人、歐洲人因部署的導彈而喪生，而這些導彈並未從根本上改變當前的核平衡。曾出席執行委員會會議的前國務卿艾奇遜，後來把甘迺迪成功化解古巴危機一事歸因於「純粹的狗屎運」。那或許是對這整件事最貼切的結語，若認識到一九六二年十月世界其實離核戰多近，尤其如此。同樣的，不得不承認，面對軍事顧問力促他採取更咄咄逼人的回應，甘迺迪出於本能謹慎以對，對這場危險程度前所未有的危機的和平收場，功不可沒。

一如更早的台海危機、柏林危機，古巴飛彈危機的確點出，核武不平衡在冷戰這個階段左右大局的作用。

美國決策者信心滿滿認為能在任何對峙中逼退蘇聯人；從這個意義上看，美國的壓倒性核優勢等於是其最管用的王牌，這是莫斯科和華府都充分理解的原子時代的事實。但雙方也都體悟到美國在可投射之核彈頭上的巨大優勢將維持不久。美國專家認為蘇聯的核武力量不久後就會和美國大略相當；蘇聯的防務計畫人員則決意盡快消弭此差距。在此飛彈危機後不久，蘇聯副外長瓦西里・庫茲涅佐夫（Vassily Kuznetsov）告訴某美國外交官，「你們美國人絕無法再這樣對我們」，語氣中反映了瀰漫於克里姆林宮高層的憤恨兼無比堅毅的決心。

這一決心成了後來蘇聯政策的指導原則。加勒比海攤牌後的一段時期，莫斯科全力擴大核武儲備，增加轟炸機數，改良飛彈計畫。僅僅數年，蘇聯就發展出新一代先進的洲際彈道飛彈，使蘇聯擁有了甘迺迪逼赫魯雪夫從古巴匆匆後撤時所未擁有的實力：在任何核武交手中，蘇聯幾乎百分之百能給美國本土帶來可怕的傷害。這一成就在一九六〇年代中期時已得到證實，預示了核武態勢上的永久改變，以及隨之而來冷戰性質的改變。一旦雙方都有能力給對方帶來無法接受的傷害，或者說一旦核子戰略家這麼認為，任何一方就都禁不起冒險打核戰的代價。根據這個樂觀的推斷——不久後被稱作相互保證毀滅原則，兩個超級強權各擁龐大核武儲備一事，使核武衝突對雙方來說都是愚蠢的自毀之舉，實則提升了全球安全。

古巴飛彈危機之所以稱得上是冷戰的重要轉折點之一，也出於其他原因。美蘇領導人用心察看過核子深淵後，都看出有必要避免重蹈古巴式對峙的覆轍，並開始採取某些重要措施。一九六三年六月，克里姆林宮和白宮安裝了「熱線」，以便危機時直接溝通。一九六三年八月，美蘇簽訂部分禁止核試驗條約，只准許地下核試。兩個月後，美蘇也批准旨在禁止核武部署於太空的聯合國決議。就連雙方的言語交鋒也顯著降低，赫魯雪夫認同一九六三年六月甘迺迪在美利堅大學充滿修好意味的談話，甘迺迪說應把更多注意力擺在「我們的共同利益和解決歧異的方式上」。

古巴飛彈危機也影響了西方同盟。美國的若干北約夥伴，尤其法國和西德，得出一個令其不安的教訓，也就是華府與蘇聯對峙時，總是照自己的利害考量行事，即使在前線首當其衝者是歐洲人亦然。過去，這些國家在危機期間始終堅定站在美國那一邊，為接下來「東－西」方緊張關係的舒緩而雀躍，結果卻因為甘迺迪政府僅決定告知美國所要採取的行動，而非就美國所要採取

**BOX 4**

## 戴高樂

夏爾・戴高樂（Charles de Gaulle），二戰期間領導「自由法蘭西」流亡政府的法國將軍，解放後立即出任法國總統，1958年再度掌權。從1958年再當總統，至1969年退休，驕傲自大、高舉民族主義大旗的戴高樂，竭力將法國打造成不受英美軸心左右的歐洲領頭羊角色。戴高樂針對如何重振一個歐陸集團的活力訂定了計畫，而由他所發起，1963年1月的法德合作、相互支持、戰略協調條約，是這些計畫的核心。1966年，他讓法國退出北約的一體化指揮架構，但未退出該同盟。

的行動徵詢他們的意見，感到憂心。法國總統戴高樂擔心法國會在某一天「在無權置喙下被消滅」〔Box 4〕。他深信法國若採較獨立自主的對外政策，會較有利於法國和整個歐洲的安全，於是著手發展法國自己的核武，使法國疏遠美國所支配的北約軍事結構，強化巴黎、波昂之間的關係。這些趨勢對蘇聯、美國、對美國忠心但不安的歐洲盟友之間的三角關係影響甚大。整個冷戰時期時間最久、死傷最多、爭議最大的衝突亦然。

## 越南：冷戰的悲慘插曲

越戰讓冷戰學者大覺弔詭。一方面，古巴飛彈危機剛結束時，美蘇似乎正朝更穩定、更安全的關係邁進，真的讓人覺得冷戰冰河在融解。但就在美蘇緊張關係開始緩和之時，美國在遙遠的東南亞邊陲更接近戰爭——出於自己所宣稱的冷戰理由。一九六三年十一月甘迺迪遭暗殺之時，美國已派了一萬六千名軍事顧問到南越，允許這些顧問參與對抗越共的戰鬥，啟動對北越的祕密軍事行動，大大深化保住南越非共政權的決心。五年後詹森離開白宮時，已有超過五十萬美軍駐守於南越，並陷入猛烈的消耗戰，對手則意志堅定，難以捉摸，且得到來自北京、莫斯科的外交和物資支持。那時，美國社會因為越戰的成效和參與越戰的道德性而爭論不已，不僅如此，詹森還得面對陷入類似分裂的「自由世界」同盟體系。一九六〇年代後期，加拿大、法國、英國、西德、荷蘭、義大利、日本之類主要盟國，已公開質疑美國不惜成本介入中南半島，對實現冷戰的共同利益和政策有多少幫助，甚至其中某些國家更早就發出質疑。

但華府之所以作出以龐大軍力介入越南的要命決定，其根本原因並不難看出，不管事後來看有多離譜。這些原因幾乎都和冷戰恐懼離不開干係，而且這些恐懼常因黨同伐異而加劇。最廣義來看，美國的介入源於欲遏制中國，以及欲同時讓盟友、對手、國內觀眾見證美國實力強大絕對千真萬確、美國許下的承諾絕非隨便說說。

到了一九六〇年代初期，中國已在許多方面取代蘇聯，成為美國最不放心的對手。就這兩個共產大國來說，中國的激進、敵意、好鬥程度似乎遠高於蘇聯。古巴飛彈危機後的一段時期，美蘇關係融冰，美中緊張關係卻無緩和跡象。一九六二年十月中國發動短暫的中印邊界戰爭，正坐實了美國對北京侵略傾向的懷疑。甘迺迪、詹森兩屆政府的國安計畫人員深信日益加劇的中蘇失和，壯了北京領導人的膽，升高而非降低他們的侵略性、冒險性、不可預測性。美國領導人多次清楚表示中國據以認定的擴張主義傾向和美國為何需要介入越南有關連。詹森於一九六五年四月的一場重要演說中宣稱，「另一個真實情況是，愈來愈濃的共黨中國影子籠罩此戰爭——和全亞洲。越南戰事是（中國）更大之侵略目標模式的一部分。」國防部長麥納馬拉在同月與媒體舉行的背景說明會上論道，若不在越南打仗，結果就是中國支配東南亞，那意味著會出現「赤色亞洲」。他警告，如果美國從越南收手，世界均勢會徹底改變。

美國決意讓世人認識美國要以堅定決心迎擊侵略、要履行其對盟邦的承諾絕非隨便說說，而這一決心與美國政策裡的反華成分天衣無縫般地融為一體。一九六五年初國家安全顧問麥喬治·班迪（McGeorge Bundy）在某份典型的評估報告中向詹森示警道：「美國的國際威信和我們影響力的頗大一部分，在越南有直接喪失之虞。」詹森和其高階顧問，一如一整代的美國冷戰戰士，深信為了保住美國的公信力，必須幾乎不計代價。美國的公信力既是阻止共黨侵略的主要力量，也是把美國的整個冷戰同盟體系牢牢結合所不可或缺。

政治上的當務之急也影響政策決定。在任初期，甘迺迪向某記者談到越南情勢日益惡化時坦承：「我不能把那樣的領土拱手讓給共黨之後，還想要美國人民讓我連任。」甘迺迪和詹森都擔心，南越若落入共黨之手，會在國內引發使美國癱瘓且使他們的總統大位坐不下去的政治風暴。據政治顧問傑克·瓦倫提（Jack Valenti）的說法，詹森深信他若未能擋住共黨在東南亞的擴張，共和黨員和保守民主黨員會「把他撕成碎片」。他也擔心，若在他注視下美國慘敗於越南，他那個浩大的國內改革計畫將在國會受到阻撓。

驅使美國投身中南半島戰爭的力量非常強，卻非抗拒不了。一九六五年初期，詹森政府作出全面轟炸北越和派美國戰鬥部隊至南越這兩項決定，從而使美國難以自越戰脫身。但詹森政府其實本可以選擇透過談判解決事情，一如甘迺迪政府一九六一至一九六二年在寮國之所為。國內的強大民意，尤其國會和主流媒體的主張，以及盟國政府裡的主要看法，都先後力促甘迺迪和詹森採此作法。一九六三年八月，法國總統戴高樂公開呼籲讓越南中立化，給了美國保住顏面的下台階。但甘迺迪和詹森都不願改弦更張，透過外交途徑解決，在他們眼中那無異於自承失敗——而且透過談判解決，幾可確定意味著讓共黨參與，甚至赤裸裸地支配南越政府。美國領導人把他們在南越頑強不屈的決心，說成完全符合先前的冷戰承諾。詹森於一九六四年八月某演說中主張，「如今我們在東南亞所面對的挑戰，就和我們已勇敢面對過的挑戰，在希臘和土耳其、在柏林和朝鮮半島、在黎巴嫩和中國，所有強力迎接過的挑戰一模一樣。」國務卿魯斯克一再強調，保衛西貢，一如保衛西柏林，同樣攸關「自由世界」的安全。

北約主要盟邦從一開始就不同意。大部分盟邦不像美國從世界末日的角度思考共黨勢力可能在不久後拿下越南一事。與華府決策者相反的，他們認為東南亞對西方安全無關緊要，不像美國人那麼操心、那麼看重中國對東南亞的威脅，認為貪汙、無能的南越政權的死活，與西方還在進行的冷戰整體處境無關緊要。美國的盟友嘲笑（但很少公開嘲笑）美國極力把保衛西貢等同於保衛柏林。

北越領導人則是冷靜務實，而且意志堅定，不達目的不罷休。他們決心要讓越南重新一統於共黨統治下。北越總理范文同在一九六四年十月告訴毛澤東，「美國膽敢發動（更大的）戰爭的話，我們會下場打，而且會贏。但不走到這一步更好。」

結果還是走到這一步。詹森和其高階顧問始終憂心在越南吃敗仗的後果——戰略、心理、政治方面的後果——於是刻意選擇戰爭，而非選擇許多美國盟友所力促的外交遷就路線。一九六五至一九六八年，詹森政府把大量資源和人員投入南越，欲消滅甚得民心的叛亂勢力卻未能如願，同時又力挺一連串不得人心且無能的南越政府。莫斯科和北京提供河內所亟需的軍援和軍事裝備作為反制，從而使美國的目標更難達成，並使這場衝突染上鮮明的「東－西」方對抗色彩。北越升級自己的行動，以對應美國升級對越南的介入：把數十萬正規軍偷偷送進南越，同時從南越鄉村招募、動員無數非正規戰士。隨著越戰久拖未決，持不同意見者大增（在美國國內外皆然），加上過去二十年支持美國投身海外事務的冷戰共識開始瓦解，一九六八年初北越和越共發動龐大的春節攻勢，暴露了美國在越南軍事戰略的矛盾之處——甚至更為根本地揭露美國力量的局限。

以一九五八年台海危機、柏林危機為始，一九六八年春節攻勢告終的十年，標誌著冷戰的一次重大轉型。一九五八至一九六二年「東－西」方鬥爭可以說走到最危險的轉折點，並在影響重大的古巴飛彈危機時達到最高潮。此後，蘇美關係融冰，但在美國加大對越南的介入後，兩國關係再度動蕩。不過，儘管有越戰，美蘇在一九六〇年代中、後期還是避掉又一次重大對峙，同時維持古巴飛彈危機後美蘇修好所產生的正面勢頭。到了一九六八年，兩個超級強權其實已在限制戰略武器上往歷史性協定慢慢逼近。不管在西方還是東方，各國國內力量的變動，有助於讓這個突破性進展有機會成真。

# 第六章

# 本土冷戰

冷戰對國際政治結構和國與國關係影響深遠且多面，因而大家已習於把一九四五至一九九〇年稱作「冷戰時代」。若考慮到蘇美對世界支配權和意識形態霸權的爭奪在世界上許多民族國家**內部**所留下的深刻影響——這是本章的主題——此一說法更為貼切。當然，我們不能把一九四五至一九九〇年間發生的每個新情勢都和冷戰扯上關係。同樣的，這麼多事**受到**冷戰的影響和左右，若要寫一部二十世紀下半葉的歷史，絕對需要有系統的評價超強衝突對許多國家和社會的影響，強有力且往往具扭曲作用的影響。

超強衝突對國內的影響所得到的學界關注，遠少於促成冷戰改變的國際因素所得到的。本章只是從大處著眼，非常籠統地考察這個大主題。冷戰以諸多方式影響了第三世界、歐洲、美國內部的勢力消長，本章僅舉其中若干來談。

## 第三世界：去殖民化、國家形成、冷戰地緣政治

數十個新獨立的民族國家在廣闊的第三世界冒出一事，以及催生出這些民族國家的偶爾流血、總是充滿衝突的去殖民化過程，不只與冷戰同時發生，而且都免不了受冷戰影響。事實上，正是美國、蘇聯、他們各自的盟邦為了爭奪全球支配權和影響力而展開的鋪天蓋地的鬥爭，催生出「第三世界」一詞。第三世界一詞原本意指西方和東方（所謂的第一世界、第二世界）爭奪的區域，係為一時之便而創造出的流行政治術語，把地球上諸多區域一股腦湊在一塊，而且這些區域大多貧窮、非白人、不靠向美蘇陣營任一方。冷戰壓力使從殖民地轉為獨立國的過程有時較不順利，有時則較順利。冷戰的衝擊因反帝國統治的鬥爭有所不同而有很大差異，但

超強的較量始終隱隱是重要的外部變數。檢視任何一個去殖民的歷史，若不檢視超強衝突影響此過程的諸多方式，就不夠完整——從一九四〇年代中後期開啟去殖民化時代的南亞、東南亞的自由運動，到一九七〇年代初中期非洲人抵抗葡萄牙人殖民統治為此時代劃下句點，皆是如此。

亞洲許多地方、非洲、加勒比海部分地區出現的新後殖民國家，也是在始終存在的冷戰背景下展開。這些國家的形狀、內聚力、活力；它們內部的權力結構；它們贏得國際關注和威信的能力；它們領導人取得外部資源、資本、技術援助以滿足經濟發展要務所需的可能性，或取得軍援以支持防禦需要的可能性——都大受冷戰影響。就許多方面來說，要寫南半球二戰後國家形成的歷史——一如去殖民化史——若不仔細且有系統的關注那個重要的外部變數，根本寫不成。

冷戰給第三世界想要有一番作為的領導人帶來種種難題、挑戰和機會。這一現象最早顯露在戰後初期東南亞的反殖民鬥爭中。胡志明和蘇卡諾都在日本投降後立即求助於美國，從美國支持自決的角度發出請求。

但兩人都很快就心灰意冷，因為得知杜魯門政府把履行其對歐洲冷戰盟邦的承諾擺在第一位，不願承諾在外交上或物資上支持他們各自的獨立運動，至少最初如此。替共產國際效力多年且是印度支那共產黨創黨元老的胡志明，轉而找上蘇聯及中華人民共和國爭取支持，並於一九五〇年初開始收到中蘇支持。另一方面，蘇卡諾壓制內部共黨欲掌控更大之印尼獨立運動團體的企圖，藉此表明反共誠意。印尼民族主義者平定一九四八年茉莉芬叛亂[8]，藉此表明他們團體不走極端的性格；這一強勢行動係為了爭取西方、尤其美國支持，而刻意採行的策略。杜魯門政府判定印尼領導階層相對來講較可靠且堅定反共，於是在隔年力促荷蘭讓印尼獨立，從這點來看，此策略最終收到成效。

---

8　編按：茉莉芬（Madiun）是印尼東爪哇省的城市。1947年社會黨分裂，翌年下台的前總理謝里夫丁與印共、印尼工黨等組成人民民主陣線，與親政府勢力衝突日增，1948年9月18日，印尼政府和人民民主陣線在茉莉芬市發生武裝衝突，時值印尼獨立戰爭期間，左派支持者占領茉莉芬，攻占政府和國民軍的總部，並與國民軍士兵交戰。9月底，共和國派兵收復茉莉芬，人民民主陣線大多數成員被印尼政府捕殺。

越南、印尼民族主義者都爭取由本國人民當家作主，卻走上南轅北轍的奮鬥之路，此事正清楚點出冷戰因素在第三世界社會裡影響力之大。這兩個例子也說明本土政治人物欲安然穿過處處險礁的大國政治角力場時所能採用的不同選項。這些領導人甚至能藉由展示或保證其反共信念、溫和性格、親西方立場來爭取美國支持；或者藉由突顯自己革命、反西方的履歷來爭取蘇聯或中國支持。

從一九四〇年代中期至一九七〇年代中期，第三世界所有追求獨立的運動團體都面臨基本上兩極對立的世界，都受到要向其中一個意識形態陣營和軍事同盟體系靠攏的壓力，而要化解此壓力並不容易——由於選邊站後關係能否得到具體利益，化解此壓力尤難。爭取獨立的阻力愈大，追求獨立者愈需要兩陣營其中一方的支持。此外，當反殖民同盟裂解，例如在一九六〇年剛果和一九七四至一九七五年的安哥拉所見，相抗衡的派系忍不住向不同的超強靠山尋求支持。民族主義領導人的未來願景，往往包含在母土進行影響深廣的社會經濟轉型，從而使他們受迫於超強衝突而必須選邊站時更難抉擇。西方集團對於想走社會主義之路者有根深柢固的懷疑，因此，一旦投入西方集團，可能無法照己所願走某些國內政治、發展之路，傷害了建國菁英都想擁有的選擇自由。另一方面，投入社會主義陣營，肯定會使其從世上最富強國家得到資金和支持的可能性大減，甚至完全無緣得到該國的資金和支持。

第三世界新國家獨立後，面臨同樣嚴重的一組難題。有些國家積極靠向美國，因為正式表態靠向西方似乎最符合國內主要需求。以巴基斯坦為例，其統治菁英在國家羸弱的建國初期，積極追求和美國掛鉤，一九五〇年代中期與華府談成一項互保協定並加入兩個多邊條約，藉此成為美國的正式盟邦。與美國掛鉤使巴基斯坦得到保護，但巴國防範入侵的對象是其在南亞的主要對手印度，而非蘇聯，或者說巴國高層決策者這麼認為。因此，鑑於巴國境內族群、語言分殊且國土分隔兩地，與美國掛鉤有助於確保一場極可能失敗收場的國家建造實驗不致夭折，同時強化最積極爭取美援、最力主靠向西方的旁遮普族群在巴國的支配地位。此後十五年間，巴基斯坦的冷戰承諾和隨之而來的軍援、經援，大大左右了巴國內部諸勢力的消長。與美國結盟強化了旁遮普菁英的地位，尤其巴基斯坦軍方的地位，國內其他爭權者的勢力則受到削弱，於是幾乎從一開始就改變了巴國的政治均勢。

再舉另一個有說服力的例子，泰國的領導人出於類似的理由尋求與美國掛鉤。泰國向來害怕可能帶來危害的巨大鄰國，中國——不管中國是否是共產主義國家，出於這份恐懼，泰國有一套沿襲已久的國家戰略，包括找到一個外部靠山。冷戰給了泰國菁英一個取得外部靠山的方法，因為美國正好在第三世界尋找盟友，與他們的需要一拍即合。一如巴基斯坦領導人，泰國軍方領導人也想與美國掛鉤，想得到美國金援，以強化其對國政的掌控，使異議分子噤聲。泰國現代史的進程隨之大大改變。

每個第三世界國家的特殊情況自然而然顯露其獨有的特點，但那些選擇靠向西方的第三世界國家，卻呈現一個較普遍的模式，即靠向西方，主要出於國內原因，而非出於恐懼共產主義，而且此後那些國家內部的發展深受此選擇影響。伊拉克、伊朗、沙烏地阿拉伯、土耳其、巴基斯坦、菲律賓、錫蘭、南韓、泰國——只列出其中犖犖大者——等形形色色的國家，都發覺自己國內的優先事項、可取得的資源、內部均勢，都因為領導人決定正式或非正式靠向西方陣營，而受到嚴重影響。當然，其中有些國家是剛誕生的新國家，靠著抗爭贏得獨立之身；其他國家則歷史較久，作為自治實體的身分曾遭西方帝國削弱，但始終未遭西方帝國徹底消滅。儘管各自的歷史分殊多樣，冷戰在每個國家身上留下的深刻印記依舊鮮明。

另一批第三世界領袖則刻意不靠向哪一方（即不結盟）的策略，認為藉由避免正式表態靠向西方或東方，可更有效推進重要的國家目標。印尼的蘇卡諾、埃及的納瑟、迦納的夸梅·恩克魯瑪（Kwame Nkrumah）、印度的賈瓦哈拉爾·尼赫魯（Jawaharlal Nehru）等人，刻意走不受冷戰兩陣營任一方左右的獨立自主路線。促使尼赫魯走不結盟路線的錯綜複雜因素，有助於我們瞭解箇中梗概。尼赫魯示警道，「對外關係不操之於己，國家有多不獨立自主，他人掌控就有多深。」印度的首任總理深信，藉由在國際事務上擔下第三股勢力的角色，他剛獨立的國家可在世界大會裡取得最大的國際地位和影響力。此外，若正式表態靠向西方或東方，非常多元的印度社會裡某些有力的政治勢力必然與尼赫魯領導的國大黨疏遠，而上述作為正可避免這樣的事發生。再者，印度的計畫人員推估，藉由與蘇聯、美國的勢力範圍始終保持距離，他們或許能左右逢源，從兩陣營都吸引到所需的開發援助。講究實際的尼赫魯私下向某助手透露，「就連在接受經濟援助方面，都不該把所有雞蛋放在一個籃子裡。」蘇卡諾、納瑟、恩克魯瑪等人大概都由衷認同此看法。而令時常表露出非友即敵心態的美國冷戰戰士大為驚愕的，華府其實不得不拉攏不結盟（也就是中立）的第三世界國家。

簡而言之，我們不得不承認第三世界的主事者竭力利用所處時代（冷戰時代）的主要國際現實，來獲取可能的最大利益——或至少把可能的傷害降到最低——時所展現的能動作用。但我們也不得不認識到，冷戰帶給第三世界人民、社會的許多影響，既非當地的主事者所能控制，也出乎他們的預料。在這方面，有一點值得再次強調，即第三世界早在一九五〇年就成為冷戰的主戰場。源於當地的衝突——從朝鮮半島、剛果、越南到安哥拉、阿富汗、尼加拉瓜的戰爭——變得代價格外高昂，因為這些衝突的參與者背後都有超強支持。有一點值得在此提醒，據估計兩千萬人死於一九四五至一九九〇年間全球各地的戰爭，其中大多死於第三世界衝突，而大部分第三世界衝突與冷戰至少間接相關。

## 冷戰對歐洲內部的衝擊

冷戰對歐洲內部的衝擊成為鮮明的對比。如果說一九四五至一九九〇年蹂躪新興地區的許多戰爭、破壞、不穩定可歸咎於美蘇較勁，歐洲人所經歷的前所未有的和平、繁榮和穩定的時代，反倒可大大歸功於美蘇較勁。令人意想不到的，一場意識形態和地緣政治方面的鬥爭，以糾結於歐洲命運的衝突為起點，最終不只未傷害歐洲，而且為歐洲史上為時最久的經濟榮景奠下了根基。這一榮景伴隨著整個歐陸的持久和平，以及往西歐內部的政治、經濟整合快速邁進，而冷戰對這兩個新形勢都起了推波助瀾的作用。從一九四〇年代後期至一九七〇年代初期，資本主義擴張、生產力爆發的「黃金時代」，基本上與冷戰頭二十五年重疊——而且受到冷戰的大力助推。史學家艾瑞克・霍布斯邦（Eric Hobsbawm）說的好，這些年出現了「自有歷史記載人類活動以來，人間最戲劇性、最快速、最大規模的重大改變。」史學家約翰・楊（John Young）則補充道，「對經歷過大蕭條和戰爭的許多人來說，西歐似乎是應許之地。」

後來的發展表明，在冷戰歐洲，經濟、政治、安全方面的走向，呈現相互強化的現象。一九四八至一九五二年，美國馬歇爾計畫為西歐注入約一百三十億美元援助，的確有助於促進戰後經濟的快速成長，儘管經濟史家還在辯論美國的貢獻究竟有多大。美國安全傘和美國對西德融入西歐、同時朝更大的區域整合邁進的支持和鼓勵，也同樣功不可沒。西歐政治家有時跟著美國走，但自己帶頭同樣常見，利用冷戰、占領德國、美國開始關注歐洲事務所帶來的機會，促成他們認為必要的全地區性的改變以及內部的經濟社會改革。誠如史學家赫爾曼－約瑟夫・魯皮珀爾（Herman-Josef Rupieper）所指出的，他們和支持他們的美國人從一開始就認識到，「如果分裂的歐洲其西半部要繁榮民主，得到美國援助和保護的西歐人就得朝政治、軍事、經濟一體化的體制邁進。」西歐主要國家的領導人也意識到，數代以來一直是歐洲安全之患的德國問題必須解決，以便利用德國的生產力助益歐洲的經濟復甦，同時不讓德國再度成為軍事威脅。

他們以創意和決心尋找這些問題的解決之道。一九五二年七月，法國、義大利、德意志聯邦共和國、比利時、荷蘭、盧森堡組成歐洲煤鋼共同體。一九五七年三月，往一體化邁出更大膽、更重要的一步：這六國簽署羅馬條約，建立歐洲經濟共同體和歐洲原子能共同體。法德具重大歷史意義的修好，有利於這些成效卓著之超國家機構的發展。「德法兩國是幾百年來一再開戰的鄰國，」西德總理艾德諾激動說道。「這是必須一舉終結的歐洲愚蠢行徑。」歐洲經濟共同體成員國成長率驚人，帶頭引領西歐經濟的繁榮，說明了捨軍事競爭、代以經濟合作的具體好處。到了一九六〇年，這「六國」已占世界工業生產總值四分之一、國際貿易總量五分之一。

西歐平民百姓是這些新形勢的最大受惠者。持續的經濟成長使他們享有較高的工資、較短的週工作時數、優厚的社會福利救濟、較好的營養、較佳的健康狀況和教育。生產主義準則——基本上就是把餅做大，所有人都受惠——當道，也促進政治穩定，降低歷來勞資間的緊張關係，削弱西歐共產黨的吸引力。失業率幾乎零，一九五〇年代整個西歐平均只有2.9%，一九六〇年代僅1.5%。一九五〇年代，西德人均所得每年平均成長6.5%；義大利是5.3%；法國有3.5%。相較於過去，不折不扣的消費者天堂在冷戰歐洲問世；愈來愈多工人階級和中產階級成員的所得足以消費先前只有富人買得起的商品。例如，在義大利，私家車從一九三八年的四十六萬九千輛大增至一九七五年的一千五百萬輛。在英國，擁有冰箱的家戶比率，從一九五六年僅8%增至一九七一年的69%；三年後，94%的義大利家庭擁有冰箱。到了一九七三年，62%的法國家庭每年度假，比一九五八年時增加了一倍。英國首相哈羅德·麥克米蘭在一九五九年大選時打的拉票口號，正點出當時的欣欣向榮：「你從沒有過過這麼好的日子。」

戰後頭幾十年間，西歐消費者大大拉近了長久以來他們與美國消費者的差距。到了一九六〇年代，他們已擁有大衛・雷諾茲（David Reynolds）所謂的消費者導向社會的基本屬性：「大量製造的家用品、所得大增的人口愈來愈多、賒帳消費、一再轟炸消費者的廣告。」冷戰也是爭奪老百姓之心、腦、胃的戰役，從這點來看，二十世紀第三個二十五年期間資本主義經濟體的驚人成就，大大提升了美國和其西方盟邦之政治、意識形態主張的正當性。

東歐、蘇聯高度官僚化的計畫經濟，竭力滿足當地人民的基本需求，伴隨此種經濟而來的缺點進一步強化西方主張的優越性。一九六〇年代起，歐洲東西半部的經濟水平差距愈拉愈大。二次大戰後，易北河以東、以農業為主的社會，在史達林緊盯下，從資本主義斷然轉向社會主義。東歐諸執政共黨緊跟著蘇聯的步子走，推行快速、強迫性工業化的政策，同時讓民族主義衝動屈服於莫斯科所謂的「無產階級國際主義」的需要。百姓的確隨之受惠：醫療服務改善、日常飲食改善、死亡率下降、受教育機會增加、全面就業達成。但極高的代價是政治高壓、宗教迫害、個人自由受壓制、強迫意識形態一致，在這些國家成為常態，一如長久以來的蘇聯。

至一九五〇年代底，東歐的計畫經濟進步幅度傲人，從年均成長率來看，其實勝過西歐諸經濟體。但到了一九六〇年代，隨著僵固、由上而下的計畫模式所固有的問題，以及東方集團國家無法滿足日益增長的消費者需求的弊病愈來愈明顯，成長率顯著下滑。

類似模式也見於蘇聯。蘇聯成長率從一九六〇年代的年均成長5.2%下滑至一九七〇年代前半的3.7%；一九七〇年代後半的2.6%；一九八〇至一九八五年只有2%。蘇聯國民受苦於停滯的工資、單調的生活環境、基本消費品頻頻短缺，和其東歐同志一樣，他們發覺自己並非置身於馬克思所應許的工人天堂。

整個一九五〇、六〇年代，華沙公約組織個別成員國裡，不時出現欲將政治、經濟體制自由化的努力，但都功敗垂成。蘇聯，不管是嚴格僵固的史達林當政，還是較靈活肯變通的赫魯雪夫掌權，或是由個性陰鬱的布里茲涅夫主政，都根本不容其勢力範圍裡出現真正的結構性改革或政治多元化。一九六八年「布拉格之春」的欣欣向榮和迅即消逝，痛苦地點出自由化的局限。那年一月，具改革意識的共黨領導人亞歷山大·杜布切克

（Alexander Dubček）接掌捷克大權。他竭力滿足捷克人民對更大政治自由和有意義之經濟改革的呼求，同時維繫住來自蘇聯的支持和其執政共黨內部的團結。事實表明兩者無法兼顧。一九六八年八月二十日晚，蘇聯坦克駛入捷克斯洛伐克，而且，一如十二年前的匈牙利，粉碎一場令人看好的政治多元實驗〔Box 5〕。捷克人識時務，

**BOX 5**

### 布里茲涅夫主義

蘇共中央政治局決定用武力消滅捷克斯洛伐克對政治多元的追求，因為擔心自由主義浪潮襲捲整個東歐，削弱克里姆林宮的威權。1968年9月26日，官報《真理報》刊出後來被稱作布里茲涅夫主義的文章，以合理化此次入侵。該文主張國家領導人可以走自己的發展之路，前提是不會傷害該國國內的社會主義，也不會傷害更大的社會主義運動。換句話說，克里姆林宮要為東歐境內的多元性設下門檻。

選擇不抵抗，無疑保住了數千條性命。從那之後，大家都很清楚，蘇聯對東歐的控制最終倚恃赤裸裸的武力，而且願意動用它。

對冷戰西歐來說，一九六八年也是內部歷史上的一個重要時刻。五月，巴黎學生和工人發動一連串示威，差點推翻戴高樂政府。一九六八年，一連串針對主流權力結構的挑戰，襲捲美國和西歐，法國人的抗議活動只是其中最受矚目者。雖然每一項挑戰都有當地獨有的特點，但青年文化、「新左派」、反威權、打破舊傳統的精神在西歐大部分民主國家大行其道，間接表示這些挑戰有共通之處。西歐冷戰體制的成功似乎催生出把該體制的主要成果——和平、穩定、物質豐裕、更完善社會福利、教育機會——視為理所當然的新一代。在法國、義大利、西德等地方，這新的一代受到美國在越南不得人心的干預等因素刺激，開始質疑冷戰的某些核心真理。為了圍堵共產主義，就有必要對第三世界施以流血的干預？西方改弦更張能降低核子大決戰的發生機率？軍事、對外政策方面的冷戰共識，連同其所協助發展的政治秩序，此時在繁榮的西歐開始消退。

## 冷戰對美國內部的衝擊

冷戰也在美國政府和社會留下無法抹除的印記。事實上，美國人的生活幾乎處處受冷戰影響。共產主義／蘇聯威脅引發憂患意識，聯邦政府的權力和職責隨之大增，「專橫的總統」成為最受矚目之人，選舉充斥著以恐懼為出發點的好戰愛國主義訴求，凡被視為對共產主義「寬厚」者都遭妖魔化，國防支出大增成為年年聯邦預算的特點，軍事工業複合體在美國社會裡牢牢扎根。美國一九四五年後居住模式和職業結構的大幅改變，很大程度上也是冷戰的副產品。把科學、技術方面的創新用於軍事相關用途，以及隨之而來的，許多頂尖大學轉型為政府贊助之研究的主要場所亦然。許多國內的優先事項受到冷戰類似的影響，某些優先事項則因為冷戰而變得正當合理：從艾森豪所提議建造的州際高速公路系統，到聯邦政府增加教育支出，到太空探索都是。就連民權運動進程都受美蘇較勁影響。最初，種族隔離主義者用共產主義抹黑支持黑人爭取自由的人士。但艾森豪、甘迺迪政府認識到，南方的種族不平等體制繼續運行且不讓非裔美國人享有基本權利，有損美國的全球形象，從而不利於美國打冷戰，於是上述抹黑作為最終成不了氣候。

就政治上、文化上、心理上說而言，冷戰也在許多方面改變了美國人的生活樣貌。美國許多政治菁英要求全民意識形態一致，導致可容許的政治論述範圍縮窄，許多改革運動疲於防禦外部抨擊，某些自由主義者易遭扣上激進、不忠之名。「給赤色分子扣帽子」和株連入罪，成為參與地方選舉和全國選舉、搞工會政治、調查公務員、教師、電影從業人員等人士時普見但惡劣的作法。史學家史蒂芬·惠特菲爾德（Stephen J. Whitfield）把美國境內「扼殺自由、文化墮落」歸咎於冷戰，尤以一九五〇年代為然。他主張冷戰助長壓迫，從而「弱化公民自由遺產，詆毀寬容與光明正大行事的準則，汙損民主的形象」。另兩位史學家彼得·庫茲尼克（Peter J. Kuznick）和詹姆斯·吉爾伯特（James Gilbert），在社會心理學領域找到冷戰的最大衝擊：他們寫道，「冷戰使數百萬美國人從國內外威脅要對他們施以核武和其他種毀滅形式的敵人的角度，解讀所處的世界。」簡而言之，對國內外敵人那種普遍存在的恐懼，成為冷戰的主要遺產之一。

顯而易見的，社會許多人對共產主義在美國內部之潛在威脅所生起的焦慮不安，是冷戰在國內最直接且最引人注意的外在表現之一。特定一批菁英出於私心刻意培養這一憂懼之感。美國境內的確有共產主義者，但不多。一九五〇年美國共產黨誇口黨員數只有約三萬兩千人，同年，最惡名昭彰的反共人士威斯康辛州參議員約瑟夫・麥卡錫（Joseph McCarthy），對他所謂存在於美國政府機關裡的大批共產黨員，首度發出他聳動人心的征討。其實，一九五〇年時美國境內的付黨費共產黨員，就和芬蘭福音派路德教會成員一樣少。廣大的行政部門裡也有共產黨人或支持共產主義者，但始終寥寥可數。阿爾格・希斯（Alger Hiss）是其中最重要者。他是前國務院中階官員，的確為蘇聯刺探情報，在一九四八年備受矚目的審判中被判犯了偽證罪。

希斯刺探情報是蘇聯在美國大規模間諜活動的一部分。但麥卡錫等具有黨派意識的政治人物刻意誇大問題，操弄公眾恐懼心理以在仕途上更上層樓。夸夸其談的麥卡錫一度把詆毀矛頭指向聲望崇隆的喬治・馬歇爾，此舉正說明這位參議員視道德於無物的作風和根本心術不正的為人。麥卡錫宣布，這位備受敬重的前將軍和前國務卿、前國防部長係「陰謀和惡行」的一部分，「此陰謀之巨大和惡行之歹毒，令此前人類史上的任何這類冒險行徑相形見絀。」為了使政治對手疲於應付外來攻擊而發出荒謬指控者，不只他一人。例如加州的聯邦眾議員、參議員理查・尼克森（Richard M. Nixon），希斯一案的主檢察官，靠著無比頑強地追捕共產主義顛覆分子所累積的聲望名噪全國。一九五二年作為艾森豪的競選搭檔時，尼克森一度將民主黨籍總統候選人阿德萊・史蒂芬森（Adlai Stevenson）痛批為「姑息養奸者」，說他是「迪恩・艾奇遜之懦弱圍堵共黨學院的博士」。

樞機主教法蘭西斯・斯貝爾曼（Francis Cardinal Spellman），紐約大主教和美國最著名的天主教高級教士，不以替麥卡錫講話為恥，從中可看出有組織的宗教在美國反共運動中所扮演的敲邊鼓角色。斯貝爾曼把愛國和激烈反共、毫不妥協地反對不信神的蘇聯劃上等號。他於一九四七年主張，「真正的美國人，既不會是共產主義者，也不會是寬容共產主義的人，我們理解到每個美國人的首要忠誠義務，係心存警惕的剷除、反制共產主義……。」牧師比利・葛理翰（Billy Graham）以類似的語氣不時將共產主義痛批為「史達林版宗教」。葛理翰是冷戰時期最紅的美國福音派牧師，指共產主義是「撒旦親自在幕後操縱」。只有他所提倡且體現的那種強健的基督教復興運動，才能使美國免受蘇聯所扶持的無神論共產主義荼毒。他提醒，「只有數百萬美國人在此時求助於耶穌基督，接受他當救世主，我國才有可能免遭被魔鬼附身的共產主義攻擊。」冷戰初期，就連世俗領導人都把蘇美鬥爭稱作精神上的較量，美國境內上教堂的人大增。杜魯門於韓戰時告誡道，「我們在捍衛作為我們立國和整個生活方式之根基的宗教原則。」共產主義「否定神的存在，只要能踐踏對神的信仰，它就予以踐踏」。

麥卡錫主義和其所形成對共產主義者最走火入魔的獵巫活動，已得到學界應有的關注，但冷戰在國內產生的其他效應其實影響更廣。國防支出大增，加上其對全國經濟、就業機會、人口轉移的激烈影響，稱得上是冷戰時促成美國境內改變的最有力推手。冷戰頭二十年，聯邦政府國防支出達七千七百六十億美元，約占聯邦總預算六成。若計入與防務有關的間接支出，這一比重更高。防務需要迅即成為美國研發的首要重點，民間和以大學為基礎的科學家、工程師搶著滿足政府的需要，在這過程中承包了很有賺頭的案子。全新的或重獲生機的產業，包括通信、電子、航空器、電腦、太空探索，跟著冷戰一起擴展，而且在很大程度上受到冷戰的推波助瀾。套用經濟學家安·馬庫森（Ann Markusen）的貼切之語，其中有些產業「會使美國的經濟、職業、地景永遠改觀」。受冷戰驅動的國防支出最大的影響，是南部和西部的國防工業工廠欣欣向榮，位於東北部、中西部的較舊的工業基地則受害。光是加州一地，一九五一至一九六五年，就拿到六百七十多億美元的國防合同，約占總數的兩成，因為冷戰助長了所謂「太陽帶」[9]的發展。

---

9 編按：太陽帶（Sunbelt）是貫穿美國南部和西南部的地理區域，從佛羅里達州延伸到加州南部，或北緯三十六度線以南的地區。自1960年代以來，由於大量居民追求溫暖、陽光明媚的氣候，退休的嬰兒潮一代激增，以及經濟機會增長，太陽帶人口大幅增長。

與此相關的，冷戰促成美國人口往西部、南部大轉移，促成國會和政黨體制內政治權力的地理分布隨之變動；這兩者都是戰後時期的特點。

冷戰加諸美國民眾的龐大預算需求和多種軍事義務，有賴於全國人民願意被動員且支持才能如願。杜魯門以降的美國領導人費心打造支持國家新角色的國內共識，這個新角色即是時時警戒的世界守衛者，嚴防共產主義所引發的不穩定或侵略。直至一九六〇年代中期為止，他們以無比高明的本事打造出這個國內共識，而且在這過程中有看來清楚無誤的蘇、中冒險主義證據（從東歐和柏林到朝鮮半島、台灣、古巴）為他們助力。然而，冷戰進入其第三個十年時，此一共識開始瓦解。越戰讓美國人看清楚美國之全球霸權的高昂代價——而且對愈來愈多人來說，是無法接受的代價。這場戰爭引發美國史上最大的反戰運動，促成以美國全球主義之代價為題的痛苦辯論。整個一九六〇年代後期，這場辯論激烈進行，使得美國政府的最高階層不得不重新評估全球冷戰策略，因它使得國家涉入過多事務而無力負荷，且導致了國內嚴重分裂。

# 第七章

# 超強低盪階段的開始與結束，1968–1979年

一九七〇年代期間，有個意思有點晦澀的法語詞彙，突然不只掛在政治家嘴上，而且出現於一般平民百姓之口，即原用來指稱兩個前對手的緊張關係變緩和的「低盪」（détente）一詞。冷戰的兩大對手打造出較穩定、較願意合作的關係，並使這種關係成為這十年國際政治的主流，用低盪形容這種關係倒不失簡便且合用。在蘇聯方面，主政者是共黨主席布里茲涅夫，美國則是尼克森、福特、卡特三位總統。在他們當政期間，兩大超強致力於更有效管理彼此持續未歇的對立關係。他們透過談判達成可核實的武器管制協議——低盪的象徵之一——努力減少核戰爆發的機率。同時，兩超強擴大貿易

連結、技術轉移、科學分享，同時下功夫擬定一組核心「規則」以規範彼此關係。

美蘇雙方的場面話都說要以和平結構取代冷戰，但低盪並不表示做到這一點，反倒意味著以較安全、較收斂的方式管理冷戰，把擦槍走火引發戰爭和軍備急速成長而破壞穩定的可能性都降到最低。競爭未歇，尤以在第三世界為然，第三世界依舊是不穩定、劇變頻仍之地。此外，美蘇雙方對低盪一詞的理解有根本上的不同。到了一九七〇年代底，這些問題已嚴重到使低盪時代戛然而止。

## 低盪的形成

不斷變化的權力現實構成一個低盪的先決條件。其中最重要的改變，明顯的是一九六〇年代底，蘇聯已在戰略核武上與美國有了相對的均勢。蘇聯的防務計畫人員和科學家竭力擴增蘇聯武器儲備，至一九六九年十一月，洲際彈道飛彈的數量上已較美國稍占上風。從核武器總量的角度看，美國繼續在潛射飛彈和可攜帶核彈頭的長程轟炸機上有優勢，因此美國人仍大占上風，但這股大致上旗鼓相當的趨勢已清楚無誤。美國享有壓倒性核優勢的日子，歷經二十年已劃下句點，此事對兩超強的未來關係影響甚大。低盪的另一個重要的先決條件，係美國在軍力上，還有經濟健全、經濟活力上相對衰落，而且因打了大耗資源的越戰，以及西歐和日本經濟的重振，都加劇此衰落之勢。最後，蘇聯和中國之間的緊張情勢開始升高，中間穿插兩國部隊的邊界衝突，這兩個共黨對手真的兵戎相向的可能性大增，為美蘇建立更穩定的兩國關係一事，提供了另一個誘因。

出於數個理由，美國的政策規劃者對旨在降低美蘇緊張關係的國安戰略心動。尤其，此戰略似乎是降低核衝突可能性的最合理辦法，且此武裝對手如今更難對付。此外，如果低盪能促成具體的武器管制協議，就能減輕已因成本高昂的越戰而捉襟見肘的美國國防預算所承受的壓力。順著這一思路，詹森於一九六七年表示，其政府打算和蘇聯談判武器管制。該年六月，他與蘇聯總理阿列克謝·柯錫金（Alexei Kosygin）在紐澤西州的格拉斯博羅開了迷你高峰會，討論核武等迫切的雙邊問題。詹森原打算於一九六八年下半年赴莫斯科與蘇聯領導人進一步會談，然而蘇聯軍事鎮壓捷克後，此行也就告吹。

一九六九年一月尼克森入主白宮後，再度積極擁抱低盪路線。他決意調整冷戰戰略，低盪則構成該戰略的核心要素之一。尼克森，連同其首席對外政策助手、國家安全顧問季辛吉，擔心美國在全球涉入太多事務，備多力分的結果可能使美國陷入險境。在他們看來，越戰正是彰顯一更大問題的最令人憂心的表徵。「我們漸漸和其他國家一樣，必須體認到國力雖強，還是有其局限，」季辛吉在其回憶錄裡寫道，「就我們所碰到的問題來說，我們的資源不再是不虞匱乏；我們必須在思想上和物資上都設定輕重緩急。」對尼克森和季辛吉來說，第一要務依舊是圍堵那個力足以威脅美國國家安全的國家。儘管尼克森主要靠著堅決反共的形象在政壇闖出名號，但務實的他不再把共產主義的意識形態吸引力視為嚴重威脅。此時，讓他不放心的就是蘇聯的國力。誠如與其想法相似的季辛吉所說的，「當今之世，要解決的問題是好好應對蘇聯崛起為超強一事。」地緣政治考量凌駕意識形態；對尼克森和季辛吉來說，地緣政治考量是國際事務的王道。

基於兩人一致的地緣政治願景，美國政府自然而然走上與蘇聯關係低盪的路線，而冀望與中國修好亦出於同樣的願景。尼克森政府希望抑制莫斯科的核武增長，透過武器管制談判把競爭成本、戰爭風險雙雙降低。藉由讓莫斯科實質上接受既有的世界秩序，尼克森政府能壓制蘇聯在第三世界採行冒險主義對外政策的傾向。如果能同時打開被長久孤立的中國，那麼美國就能在中美蘇三角關係中扮起戰略中樞的角色。尼克森推斷，「如果有兩個敵人，那就使他們互鬥以從中得利。」這是個大膽的計畫，制定於越戰在國內外導致的高昂代價使美國的冷戰戰略不得不有所調整之際。尼克森希望施行此計畫後也有助於美國從越南漂亮退場，越南仍是美國最切身的對外政策問題。豐厚的政治回報，也誘使尼克森往這方向走；這一破天荒的對外政策突破，肯定有助於尼克森一九七二年競選連任。

蘇聯希望改善雙邊關係出於其自己的考量。俄羅斯人擔心中國帶來日益升高的軍事威脅，估計若緩和與美國的緊張關係，就能全力對付這個更迫近的國安威脅。此外，與美國簽訂武器管制協議，將確立蘇聯與美國同為超強的地位，同時趁著美國還未能憑藉科技新突破奪回先前領先地位之際，保住其所費力取得核武勢均力敵的成就。克里姆林宮領導階層極看重在這方面所贏得的地位和尊敬。誠如外長葛羅米柯在一九七一年向第二十四屆黨代表大會所得意宣告的，「如今，只要是重大問題，要作出決定時都不能沒有蘇聯參與，或不能違反蘇聯的意向。」追求與美國和平共存或許也能滿足別的具體需要，包括擴大取得美國穀物和技術的管道、有利於解決惱人的歐洲問題，例如柏林問題。布里茲涅夫、柯錫金、葛羅米柯和他們的政治局同志，在此刻依舊確信歷史站在社會主義陣營這一邊；他們接受低盪不是因為力弱，而是要表明他們日益壯大的實力。誠如布里茲涅夫在一九七五年某演說中一針見血道出的：「低盪得以可能，是因為世界角力場上的新勢力格局已確立。」

## 低盪的開展

戰略武器限制談判的第一回合於那年十一月開始，在赫爾辛基、維也納交替進行。但幾乎一開始，談判就陷入互相猜忌和技術祕密的泥淖而難有進展。尼克森致力於將限武談判的進展與蘇聯配合施壓北越達成外交和解一事掛鉤，令蘇聯覺得強人所難，至少在尼克森死心之前是如此。更惱人的問題則因不同種類的核武而起——具體的說，商擬的協議是否該局限於長程飛彈，或部署於歐洲、剛好能打到蘇聯領土的美國中程飛彈是否也該納入。技術創新給談判人員帶來另一個複雜的挑戰。多目標重返大氣層載具問世，使多顆核彈頭可安裝在一枚飛彈上，預示了雙方核武器的破壞威力將大增。反彈道飛彈的問世，使得可擊退核飛彈攻擊、從而剪除對方打擊力的防禦系統之建立，在理論上更為可能。一九七一年五月，美蘇談判人員終於有了突破性進展。基本上，美方同意讓蘇聯在洲際彈道飛彈數量上擁有三比二的優勢，蘇聯決意不理會可從西歐發射的核飛彈，雙方決定不禁止多目標重返大氣層載具。

尼克森在一九七二年五月抵達蘇聯，係自二十七年前羅斯福參加雅爾達會議以來第一位訪蘇的美國總統，就在同年二月他那趟被大肆吹捧的訪中之行後不久。在尼克森正漸漸成形的大戰略裡，這兩趟出訪密切相關。事實上，這位美國總統訪中之前，蘇聯原一直拖拖拉拉，不願同意戰略武器限制談判的協議；尼克森突然訪中之後，蘇聯急忙有所行動。蘇聯人顯然不想見到美中結成戰略夥伴關係一起對付他們；儘管美國聲明無此意圖，但那正是尼克森和季辛吉所想要的。中國日益擔心其俄羅斯對手，毛澤東和其高階策士才轉而同意與其一度痛恨的美國人修好。他們也讓地緣政治考量凌駕於意識形態信念之上。「中國的領導人與我們打交道時，把意識形態擺在一邊，」季辛吉觀察道：「他們身陷險境，使地緣政治考量成為重中之重。」尼克森與毛澤東、總理周恩來等中國官員的會談並未得出什麼具體成果，但象徵意義極為有力。此行似乎預示了危險程度大幅降低、且較不受意識形態驅策的冷戰——以及外交手腕更彈性靈活的美國。

莫斯科會談的重點和主要成果，係一九七二年五月二十六日簽署的第一回合戰略武器限制談判條約（SALT I）。此條約其實由兩個互不相干的協議構成。第一個部分是正式條約，約定美蘇兩國分別可以在兩個地點部署反彈道飛彈，但只限於那兩個地點。第二部分可視為就進攻性核武談成的臨時協議，根據該協議，美蘇雙方凍結各自擁有的洲際彈道飛彈和潛射彈道飛彈數量，讓蘇聯在洲際彈道飛彈方面享有三比二的優勢，在潛射彈道飛彈方面也微占上風。但多目標重返大氣層載具（MIRV）不在禁止之列，遠程轟炸機也不受限，因此美國在可投射核彈頭數量方面維持明顯優勢，雙方之比約為五千七百顆對兩千五百顆。尼克森和布里茲涅夫也簽署一份性質籠統的「基本協議」，根據該協議，雙方同意「竭盡所能避免軍事對抗，防止核戰爆發」，保證在雙方關係上保持「克制」，誓言不再「直接或間接地追求損害對方利益，以讓自己占上風」。這些指導原則太含糊，最終無法落實，但成為兩國行事時可依據的一套有用——而且令人生起希望——的基準。

戰略武器限制談判條約的重要性來自超強上桌談判所具有的政治意涵，遠甚於各別協議的具體條文。

前美國外交官暨蘇聯專家雷蒙・加特霍夫（Raymond A. Garthoff）強調，第一回合戰略武器限制談判條約「的確在一段時間裡改善了相互的理解，至少在某些議題上如此」，但「無法打消所有懷疑、防止後來的大規模戰略誤解」。此條約的確未止住軍備競賽。其實，有效期五年的那份臨時協議，對雙方的核武組成只施予少許限制，美蘇各自的核武數量持續成長。但關係低盪附帶產

圖8｜1973年6月，布里茲涅夫訪美期間，布里茲涅夫與尼克森會晤。

生一些較具體的結果，包括蘇美貿易額劇增（從一九七一年的兩億兩千萬美元增為一九七八年的二十八億美元），以及雙方科學合作計畫與擴大文化交流（圖8）。

對那些希望核武真正減少的人來說，只能指望未來的談判。一九七二年後期，美蘇核武專家的確展開了下一輪談判，即第二回合戰略武器限制談判（SALT II）。但美國政府內部自亂陣腳，使談判不可能有具體進展。水門醜聞先是使尼克森跛腳，繼而迫使他在一九七四年八月辭職。一九七四年十一月，繼任總統福特與布里茲涅夫在符拉迪沃斯托克會晤，為一組旨在指導第二回合談判人員的大原則背書。但短期看來似乎不會有突破性進展，而且不久，由於美國國會對限武談判過程的用處日益懷疑、美國對蘇聯在第三世界的行動日益憂心、一九七六年美國總統選舉又即將到來，持續進行的談判變得可有可無。

尼克森、福特兩任政府對超強低盪關係的追求，戰術上看儘管大膽且具新意，卻是為了在急速變動的世界裡保住美利堅治世（Pax Americana）所採取的一種根本上保守的戰略。尼克森揮不去對美國衰落的憂心，擔心他的國家已「失去二戰結束時我們所據有的領導地位」，說不定會進一步「失去其大國地位」。隨著蘇聯在軍事上與美國平起平坐，以及曾一枝獨秀的經濟大不如前，照史學家丹尼爾・薩金特（Daniel J. Sargent）所說的，美國決策者大膽假定「透過地緣政治操縱」，華府「仍能主宰冷戰國際體系」。

然而，得以在過去二十五年管理全球貨幣體制的美國經濟獨霸地位，被金融全球化和貿易日益一體化逐漸削弱。一九七一年，美國出現自一八九三年以來第一次貿易赤字。這一令美國人驚恐的趨勢，加上日益惡化的國際收支和估值過高的美元，導致尼克森於該年揚棄美元—黃金掛鉤體制，即拋開布列敦森林金融體制的基石。到了一九七三年，採行浮動幣值的新貨幣體制已取代布列敦森林體制，從而證實美國的金融影響力已不如從前。

歐洲走向低盪與超強關係走向低盪同時展開——而且歐洲低盪維持更久。一九六九年十月當選西德總理的威利・布蘭特（Willy Brandt）引領歐洲走向低盪。具領袖魅力的布蘭特曾任西柏林市長，尋求逐漸降低東西德間貿易、旅行的障礙，也想讓德國於冷戰時較不易受攻擊、較能抵禦外來侵犯。為此，他願意承認東德的存在現實，這大大偏離德意志聯邦共和國政治領導人的一貫立場。布蘭特**東方政策**（Ostpolitik）的第一階段，把重點擺在與蘇聯及其若干東歐盟邦談成協議上。一九七〇年八月，西德與蘇聯簽訂一條約，兩國在條約中都聲明放棄使用武力，並把歐洲現有的國界視為不可侵犯予以尊重。同年更晚，西德與波蘭簽了類似的協定。接著是柏林的四強協定：一九七一年九月，蘇美英法達成四方協議，據此終於為西方列強在西柏林境內的權利和進出西柏林一事提供了法律依據。布蘭特東方政策的最高成就出現於一九七二年十二月東西德簽訂條約之時。東西德都承認對方的正當性，聲明放棄使用武力，保證促進東西德間的貿易和往來。

歐洲低盪在歐洲冷戰的兩方陣營都大受人民肯定，促成東西歐間貿易大增，個人能更自由往來於所謂的鐵幕兩端，中歐緊張狀態大降。冷戰憂慮與障礙的降低，也有利於歐洲總體和平協議的談成。一九七二年十一月，在赫爾辛基召開了歐洲安全合作會議的預備會，

BOX 6

## 赫爾辛基「最終法案」

這份在赫爾辛基談成的協議，由三大部分組成。第一部分載明既有的歐洲國界不可侵犯，闡明用以規範國與國關係的基本原則。第二部分涵蓋經濟、技術、科學、環境方面的合作。第三部分最初遭蘇聯反對，乃與各國國內的基本人權有關；主張更大的言論、資訊自由和更自由的人員移動等。蘇聯領導階層後來同意第三部分，把那當成雖不喜歡但可接受的交易，前提是蘇聯同時取得對其邊界的正式承認和他們所渴求的、更熱絡的貿易往來。

以為此一協議打好基礎〔Box 6〕。這些討論最終促成包括美蘇在內的三十五國於一九七五年七至八月在芬蘭首都共聚一堂。與會者接受二次大戰後歐洲領土變動的結果，從而讓莫斯科實現其長久追求的目標。

但在美國有人高聲批評。有志於入主白宮的前加州州長雷根，痛斥福特總統「認可俄羅斯對受其控制之國的奴役」。雷根等保守派人士批評「赫爾辛基最終法案」（Helsinki Final Act）——以及該文件所催生出的更廣泛低盪過程——而令他們感到不安者，係美國等西方國家愈來愈願意把蘇聯視為需要遷就其利益的大國，而非視為堅定不移追求支配全球、從而依舊構成明顯且立即之危險的敵國。福特體認到反低盪路線者在國內勢力日盛，隨之在赫爾辛基的一場私下會晤中竭力打消布里茲涅夫對第二回合限武談判能否成功的憂心。他說，「我可以斬釘截鐵告訴你，我衷心支持低盪，而且美國人民與我意見一致。」但第三世界情勢的發展正中批評福特者的下懷。

## 低盪陷入困境

低盪始終未能符合莫斯科領導人所寄予的厚望。旨在規範超強作為的「基本協議」的鄭重承諾未能避免美蘇利益衝突一再發生——在中東、在東南亞、在非洲和其他地方。此外，第三世界境內持續未歇的美蘇衝突，削弱了低盪路線在美國國內的支持。保守陣營的批評者中，有許多人出於意識形態因素對共產主義的厭惡始終不減、打從骨子對裡對蘇聯的不信任，他們聲稱低盪只為莫斯科一如既往的擴張主義圖謀披上正當性的外衣。有些人甚至以挑撥的語氣將低盪等同於姑息。自由主義陣營的批評者則抱怨低盪罔顧是非黑白，尤其是不把傷害人權當一回事。技術上的進步更加劇主張低盪者所受到的質疑，因為每一次的進步都使兼顧雙方、可核實、為雙方所接受的武器管制協議更難實現。一九七六年，福特總統把低盪一詞從政府的用語裡拿掉，等於是向日益壯大的反低盪陣營低頭。

一九七三年十月的中東戰爭，係讓世人見識到低盪之局限的早期重大事件之一。一九七〇年納瑟死後，沙達特（Anwar el-Sadat）當上埃及總統，把收復一九六七年因戰爭慘敗輸給以色列的土地列為最高政策目標，而超強關係融冰，令他擔心此一目標的實現會隨之受阻。一九七二年，他驅逐埃及境內的蘇聯顧問，用意之一係為表明他對其最大靠山突然改弦更張的不以為然。然後，十月六日，埃及與敘利亞對以色列大膽發動協同奇襲，欲在軍事、外交上掌握主動權。以色列最初迎擊失利，但不久就回過神來，在軍事上取得上風。尼克森政府決定再提供給以色列在戰事初期受損或被毀的裝備，增強了以色列的反攻實力。蘇聯開始再補給埃及和敘利亞之後，美國更加提升其對以色列的供給。蘇聯的作為和華府援助其長年盟友如出一轍，但在尼克森看來，那是危險的威脅——不只威脅到以色列，也威脅到低盪。「我們關於低盪的政策很清楚，」季辛吉公開警告：「我們會抵抗侵略性的對外政策。在任何區域，包括在中東，不負責任的行為下，不可能有低盪存在。」

阿拉伯國家為懲罰美國力挺以色列，對美發起石油禁運，使得第三次以阿戰爭所引發的危機，在國際上的效應更形擴大。石油禁運之舉直接打中美國和其主要盟邦的經濟罩門，也點出倚賴能源的西方日益禁不起第三世界產油國的攻勢。

當布里茲涅夫要求立即部署美蘇聯合維和部隊，揚言若有必要蘇聯會自行其是時，這場中東危機的東西方直接對抗色彩更為濃厚。這位俄羅斯領導人惱火於以色列未能依約停火，也擔心遭包圍的埃及軍隊在西奈沙漠被以色列軍隊消滅，於是直接找尼克森談。尼克森當時正忙於應付急速惡化的水門醜聞，判定布里茲涅夫此舉係對美國在富產石油的重要地區之利益的重大挑戰，需要予以強力回應。於是，他告訴蘇共總書記，美國認為蘇聯可能自行其是一事「令人深為憂心，後果之嚴重無法估量」。為強調其絕非隨口說說，尼克森遵照季辛吉的意見要美國的傳統部隊、核武部隊全球警戒，這是自古巴飛彈危機最嚴重階段以來第一次進入如此警戒。美國透過外交逼以色列接受停火，此危機不久即化解。十月二十七日，戰爭已結束，美國帶頭尋找和平協議之舉已進入更加緊鑼密鼓的階段。但此戰爭還是對世局有所影響。如果美蘇可能為了一地區的紛爭差點打起來，「基本協議」的用處何在？而且，儘管低盪路線的策畫者大談美麗遠景，世界到底朝他們所應許的和平、穩定走近多少？

越戰的最後階段突顯類似疑問。美國在中南半島的煎熬的確未因低盪而稍減。最初，尼克森原希望與俄、中修好，會使美國得以透過談判，讓其在不失顏面與公信力的情況下退出越南，但事與願違。北越談判人員不願調整自己長年追求的政權目標，只為了滿足顯然在收手中的超強所需。尼克森政府不時戰術性升級越戰，同樣未能打破談判僵局。華府和河內最終於一九七三年一月達成和平協議，但此協議雖使美軍得以撤走，卻未終止戰事。一九七五年初期，北越進攻南越，導致已有五萬八千多名美國人為了使其免遭赤化而喪命的南越政權一下子土崩瓦解。福特政府在西貢政府行將滅亡時的無能表現，肯定汙損了美國作為全球強權的威望；而受制於不願再多承擔越南這個爛攤子的國會和公眾，此無能係無可避免。美國在越南的慘敗，連同由蘇製坦克帶頭的北越入侵畫面刻骨銘心地呈現在世人眼前，進一步曝露超強低盪的有限。

安哥拉情勢的發展又給低盪補上一刀。安哥拉是一九七〇年代中期最具爭議性且複雜的國際熱點之一。一九七五年十一月里斯本讓安哥拉獨立後，三方勢力互不相讓，內戰在這個前葡萄牙殖民地於焉爆發。古巴部隊進場，幫左派的安哥拉人民解放運動攻打立場較溫和且得到美國（和中國）暗中支持的親西方派系，在西非洲土地上創造出某種代理人戰爭。深謀遠慮的地緣政治家季辛吉堅決主張從東西方對抗的角度看待安哥拉衝突：當成對全球影響甚大，莫斯科與華府間意志、決心的測試。他主張，蘇聯說不定會從此測試裡得出令人不樂見的結論，斷定其對手已因為尼克森被迫下台、兵敗越南、國會反制專橫跋扈的總統，而國力大不如前。但福特政府請國會提高對其所支持之安哥拉派系的祕密援助並未能如願。美國不久前才從越南抽腿，國會議員不想這麼快又干預第三世界事務。季辛吉示警道，「再有安哥拉之類事件，（低盪）不保」。來自保守陣營的批評者本就認為低盪只讓仍在追求擴張的蘇聯一方得利，而安哥拉事件更讓他們如此認定。

一九七〇年代中後期，在素孚重望的知識分子、記者、政治人物、前政府官員推波助瀾下，這一指控更加為人所採信。對反低盪路線者來說，證據之一是蘇聯在整個第三世界似乎持續不斷的冒險主義模式，證據之二是他們所聲稱大有問題的限武談判。曾在杜魯門政府裡主持國務院政策規劃部門的保羅・尼策（Paul Nitze），反共立場鮮明，他和民主黨籍參議員亨利・傑克遜（Henry Jackson）一同成為公認的反低盪陣營主要發言人。退出

第二回合戰略武器限制談判的談判隊伍後，尼策於甚有影響力的《外交事務》期刊一九七六年一月號上，撰文尖銳駁斥低盪路線。「蘇聯很有可能會在戰略武器限制談判協議的規範下繼續追求核優勢，而且這一優勢不只要在數量上占上風，還要打造出理論上能打贏戰爭的本事，」他示警道，「美國此刻著手糾正即將出現的戰略失衡，才能透過談判說服蘇聯不再追求優勢，說服蘇聯再度走上有意義的限武、裁武之路。」

這一批判所倚恃的論點不大站得住腳。許多核專家駁斥蘇聯追求核優勢一說，也批駁與此相關的以下看法：憑藉較重型的洲際彈道飛彈，蘇聯哪天說不定能替其已增加「最大有效載荷」的飛彈裝上更多核彈頭，從而使蘇聯能在與美國核對峙時「勝出」。對於這類世界末日般的悲觀想定，季辛吉甚為苦惱。「究竟何謂戰略優勢？」他以懇求語氣問道：「就政治、軍事、作戰來說，在這些層級的數字上，戰略優勢的意義為何？戰略優勢的用處何在？」有人懷疑，尼策、傑克遜、雷根等批評低盪路線者之所以如此危言聳聽，不只是因為已有人對核彈頭總數和飛彈的「最大有效載荷」總量作了精細複雜的計算、測量。在更根本的層次上，這些批評者完全無法接受美蘇平起平坐的低盪基礎，也不認為優勢已足夠應付。對頑固的冷戰戰士來說，在對付蘇聯這種敵意不改且原本就不可靠的對手時，只有戰略優勢——在核武和傳統武器的每個方面——稱得上是美國所該追求的目標。

卡特當選總統為陷入困境的低盪過程注入些許新衝勁，但此衝勁為時不久即消散。這位前喬治亞州州長角逐白宮寶座時，聲言要讓美國對外政策重拾理想主義；把人權當成其競選政見的主軸和當上總統後要實現的主要目標。但從一開始在與蘇聯打交道上，卡特就觸礁了，因為他追求的目標彼此矛盾，傳達的信號互相牴觸。入主白宮才一個月，卡特就寫了封親切的信給著名的物理學家暨蘇聯頭號異議人士安德烈・沙卡洛夫（Andrei Sakharov）——令蘇聯領導階層大感不安。不久，他派國務卿賽勒斯・范錫（Cyrus R. Vance）赴莫斯科，提出規劃並不周全的方案，希望攻擊性核武的裁減幅度大於先前一九七四年十一月在符拉迪沃斯托克會議所談定的內容。這位新美國總統也表態打算遏制蘇聯在非洲日益擴大的涉入，一如美國國內政治右派所主張的。但在一九七七年五月第一場重要的對外政策講話中，卡特示意要追求剛擬出的後冷戰目標，嚴正表示不該再囿於「蘇聯擴張幾乎不可避免而且必須予以圍堵」的想法，也不該再受制於「對共產主義的過度憂心，我們曾因為這份憂心而去擁抱任何與我們有同樣憂心的獨裁者」。

從克里姆林宮的角度看，卡特政府看待蘇美關係的方式，既令人困惑又帶有威脅性。布里茲涅夫譴責卡特與「叛徒」沙卡洛夫通信，表示「我們的內部事務不容他人插手，不管為此而祭出什麼樣的偽人權藉口皆然。」對卡特在第二回合限武談判已議定武器管制方案後提議更大幅度裁減軍備一事，蘇聯決策者也心存提防。布里茲涅夫認為這是「對其個人的侮辱」，大使多勃雷寧（Anatoly Dobrynin）認為這「粗暴地違反了我們先前的理解」。誠如多勃雷寧後來所回憶的，「我們認為那只是隨便說說，但有意藉此騷擾我們，使我們難堪。」蘇聯領導人始終提防他們國家能平起平坐的超強地位受到冒犯，擔心美國意圖貶低蘇聯政府，剝奪其在國際上的正當性，同時削弱其在國內的正當性。他們滿意於原本的低盪框架，懷疑美國人想推翻該框架以取得戰略優勢。

耐人尋味的，老化的克里姆林宮統治者似乎看不出他們的某些作為從華府的角度看有多挑釁，或看不出那些作為正中批評低盪路線者的下懷，從而加快低盪的消亡。一九七〇年代蘇聯在非洲、亞洲、中東的主動作為，的確比先前增加了不少，美國人根本無法視而不見。蘇聯插手安哥拉，促成安哥拉人民解放運動政府於一九七六年二月成立。莫斯科為此志得意滿，隔年開始向衣索比亞的新左派政權供應軍火。一九七八年初期，靠蘇聯供應裝備和運輸的古巴部隊，衣索比亞擊潰美國支持的索馬利亞勢力，拿下具戰略價值的歐加登半島。據史學家文安立的說法，蘇聯不只認為「協助那些保證忠於社會主義和蘇聯模式」的新革命政權係其「國際義務」，而且察覺到「一個加快資本主義世界的內部矛盾、從而加快其垮掉的機會」。然而，抱持這樣的野心，實行這樣的作為，同時又想與華府建立有益且互蒙其利的關係，實際上是不可能的。

已對莫斯科的意圖心存懷疑的美國人，例如卡特的國家安全顧問茲比格涅夫・布里辛斯基（Zbigniew Brezinski），深信一場把矛頭指向西方的聯合地緣政治攻勢正在眼前上演。布里茲涅夫的政治局決意從一九七七年開始部署新的遠程彈道核彈——技術先進的SS-20——西歐城市成為打擊目標，此舉使美國觀察家和西歐人更加困惑。為奪回戰略主動權，美國和北約夥伴開始考慮在歐洲部署美國新一代遠程彈道飛彈反制。布里辛斯基也說服卡特是打「中國牌」的時候了。卡特同意此議，一九七九年一月一日正式與中國建交。此舉主要為鞏固美國與中國——蘇聯最害怕的對手——急速熱絡的戰略夥伴關係，從而加固對蘇聯的圍堵牆。

鑑於上述日益惡化的問題，一九七九年六月十八日，卡特和愈來愈虛弱的布里茲涅夫在維也納會晤，簽署延宕許久的第二回合戰略武器限制談判協議。此次會晤氣氛低沉，完全不見七年前莫斯科高峰會上那種昂揚的高調。史學家加迪斯．史密斯（Gaddis Smith）指出，「那只是短暫如肥皂泡泡的樂觀時刻，日益惡化的關係中的極短暫停頓。」第三世界境內衝突、SS-20飛彈部署、美國的人權攻勢、中美關係深化所引發的緊張，已令美蘇關係受損。卡特返國赫然發現，反低盪勢力已占上風。協議送交國會批准，一場攻防戰隨之開打，而參議員傑克遜從一開始就表明反對第二回合限武談判的立場。「像這種有利於蘇聯的條約，若以沒有它，我們的處境會更不利為理由加入，那就是最不折不扣的姑息。」

尼加拉瓜獨裁者暨美國的長期盟友蘇慕薩（Anastasio Somoza Debayle），遭與古巴關係密切、由馬列主義者領導的解放運動團體——桑定民族解放陣線——推翻，使那些擔心反西方革命勢力壯大的人更加不安，伊朗的情勢亦起了同樣的作用〔Box 7〕。

之後，一九七九年十二月底，蘇聯入侵並占領阿富汗，為低盪敲下了喪鐘。卡特透過熱線致電布里茲涅夫，告訴他，華府認為蘇聯入侵之舉係「對和平的明確威脅」，「可能使我們的關係發生根本且長久的轉折」。這位美國總統以不符其一貫風格的誇張語調公開宣布：「蘇聯入侵阿富汗，係二戰以來對和平的最大威脅。」這位美國領導人強勢回應蘇聯此舉，把正在參院接受審議的第二回合限武談判協議撤回，對蘇聯施以經濟制裁，採取一連串旨在重振圍堵的措施，要求大增美國防務支出。冷戰再度降臨，而且勢頭甚猛。

BOX 7

## 伊朗革命和人質危機

1979年2月，什葉派宗教領袖何梅尼（Ayatollah Ruhollah Khomeini）所領導的伊斯蘭革命運動團體掌握伊朗大權。伊朗的新統治者對美國極不信任，懷疑甚深，主要因為他們所鄙視且罷黜、在位許久的伊朗國王，以美國為主要靠山。1979年11月4日，即伊朗國王獲准入境美國就醫後不久，激進分子在何梅尼的默許支持下攻占德黑蘭的美國大使館，挾持五十二名美國人質。接下來的發展令卡特和美國人民氣憤且顏面無光，對美國國力漸衰——某種無能巨人——的形象起了推波助瀾的作用。

到底是什麼毀了低盪？蘇聯駐美大使多勃雷寧在回憶錄裡論道，「總之，在某種程度上，低盪可說埋葬於蘇美在第三世界的角力場裡。」這一評斷頗有道理。蘇聯人和美國人從一開始就對何謂低盪有不同的理解。就美國人來說，低盪意味著蘇聯受既有的世界秩序約束；蘇聯扮演具穩定作用的全球力量的角色。就俄羅斯人來說，低盪預示他們從此獲承認為兩極世界裡勢均力敵的兩強之一，但他們並未因此就不再支持第三世界的革命叛亂勢力和政權。一九六〇年代中期，當沒有什麼力量能阻止蘇聯人利用反資本主義、反西方運動所提供給他們的機會時，日後成為蘇聯統治者的情報頭子尤里·安德洛波夫（Yuri Andropov）就預料到這些緊張關係。他預言「未來與美國的競爭，不會發生在歐洲，而是在大西洋。會發生在非洲和拉丁美洲。」而且安德洛波夫強調：「每一塊土地，每個國家，我們都要爭取。」事實證明，低盪這個觀念和尼克森、季辛吉所推廣的超強合作新時代觀相牴觸。加上一九七〇年代中後期激烈反共的保守政治勢力在美國東山再起，這一個根本上格格不入的低盪時代注定為時不長。

第八章

# 最後階段，1980–1990年

一九八〇年代後期，世界政治結構出現一九四〇年代以來最重大的改變，並以四十五年來決定國際關係樣貌的意識形態、地緣政治鬥爭完全始料未及的突然終止，為這波改變劃下句點。這驚人的新情勢發生的方式和速度之快，幾乎沒人預料得到，乃至幾乎沒人認為可能發生。冷戰為何止於此時？要怎麼看待以急速激化的冷戰為始，以具重大歷史意義的美蘇修好、前所未有的武器管制協議、蘇聯勢力撤出東歐及阿富汗等地、德國和平統一為句點的這十年？本章檢視冷戰最後階段的劇烈變動，藉此為上述疑問尋找答案。

## 冷戰重返

蘇聯入侵阿富汗使卡特總統再無顧忌轉為冷戰強硬派。俄羅斯人認為其軍事干預出於防衛考量，旨在防止邊界上出現敵對政權，但卡特和大部分對外政策專家認為此舉是一個大膽的地緣政治攻勢的部分。他們深信充滿自信且追求擴張的蘇聯，欲趁美國因越戰、水門事件、伊朗人質危機、多種經濟衝擊而元氣大傷之際，從美國手中奪取戰略主動權，最終目標是支配波斯灣地區並使西方得不到該地區的石油。為回應此局面，卡特批准大幅增加美國防務支出；要求接下來五年與軍事有關的支出達到一・二兆美元。他也對蘇聯施以穀物禁運，下令象徵性抵制預定於莫斯科舉行的一九八〇年夏季奧運，重新施行兵役登記制度，宣布新「卡特主義」，保證「以任何必要的手段，包括武力」，阻止域外強權控制波斯灣。卡特政府透過出售先進軍事設備和技術，強化正急速升溫的美中戰略夥伴關係，藉此加大力道施壓蘇聯。在美國大力支持下，北約也著手執行一九七九年十二月的決定，開始在西歐部署新的遠程潘興二式飛彈和巡弋核飛彈，以反制蘇聯SS-20飛彈。

冷戰心態重返華府決策圈，而且來勢洶洶，埋葬掉任何尚存的低盪記憶。「在首都，思想和言談的軍事化，來到二戰以來最深廣的程度，」驚恐的喬治．肯楠於一九八〇年二月論道。「不察的陌生人若墮入其中，只會斷定要以和平非軍事手段解決的最後希望已被耗盡，從此只能指望武器，不管其如何使用。」

在美國，有一派人認定在尚未停歇的超強競爭裡只有武力是王道，而在一九八〇年十一月總統選舉大敗卡特的雷根，的確旗幟鮮明站在此陣營。選戰期間，這位電影演員出身的前加州州長，強調美國必須重建其防務，以關上被一九七〇年代蘇聯強化軍事所打開的「罩門」。雷根是二戰之後最保守、最堅守意識形態的美國總統，始終頑固的反共立場，打從骨子裡痛惡他眼中既奸詐、不可靠、且視道德如無物的政權。「不要自欺欺人，」雷根於競選期間嚴正表示，「蘇聯是正在上演的所有動蕩的根源。他們如果不搞這個骨牌遊戲，世界就不會有熱點。」他不假思索拒斥尼克森、福特和卡特當政初期那種把蘇聯視為一般強權的心態。在第一場總統記者會上，雷根為其第一個任期定調，指控莫斯科把低盪當成「一條單行道……用以實現其自身的目標」，包括「促進世界革命並把世界納入單一政府治理的社會主義國或共產主義國」。這位美國新總統指蘇聯領導人「自認為了達成目的可以犯下任何罪行，可以說謊，可以欺騙」。

這種煽動性的言論成為雷根政府重新發動的冷戰之一大標誌。煽動性言論連同大幅增強軍力，以及藉由提高對全球各地反共叛亂勢力的支持與鼓勵來削弱蘇聯勢力，構成美國重啟之圍堵戰略的主要環節。雷根的用語令人想起杜魯門時代，他不時痛斥蘇聯政府和支撐該政府的意識形態。一九八二年，他在向英國議會講話時自信滿滿地宣布，馬列主義注定被掃進「歷史的垃圾堆」。隔年，在佛羅里達州的奧蘭多，面對全國福音派協會，雷根把蘇聯描繪成「現代世界的邪惡中心」，他懇請聆聽其講話的群眾抵抗「一個邪惡帝國的侵略衝動」，強調反共鬥爭本質上是「是非善惡之間」的道德性鬥爭。從善惡不兩立的角度將冷戰重新表述為光明與黑暗勢力的正義之戰，意味著下手絕不能留情，絕不能冒險走低盪時期的妥協路線。

雷根決意先擴大本國的核武和傳統武器軍力，再與蘇聯認真談判。「透過實力取得和平」（peace through strength）成為這位總統和其防務計畫人員經常掛在嘴上的用語：這一屢屢宣之於口的口號，也有助於替雷根政府最初亂無章法的武器管制談判作辯解。許多證據顯示，過去十年，美國國力相較於蘇聯並未衰落，但這位共和黨籍總統和其高階對外政策顧問還是這麼認定。雷根的第一任國務卿亞歷山大・海格（Alexander M. Haig）聲稱，他一九八一年一月上任時，蘇聯「軍力強過美國，甚至在撤出越南一事加快美國弱化的趨勢之前，美國軍力就已步入真正令人憂心的衰落」。

為扭轉這一被認為日益弱化的趨勢，雷根訂定五年防務支出一・六兆美元的目標，比卡特在任最後一年所規劃已然大增的支出還多四千億美元。這是美國歷史上承平時期最大規模的軍武增強舉措。「防務不屬於預算項目，」雷根告訴國防部。「你們需要多少，就花多少。」雷根列了數個優先施行的重點項目，包括重啟昂貴的B-1轟炸機計畫，批准發展B-2（匿蹤）轟炸機，加快部署引發爭議的MX（Missile Experimental）飛彈和先進的三叉戟潛射飛彈系統，把海軍船艦從四百五十艘增至六百艘，增撥大量經費給中情局以支持一個行事隱祕且職能獲得提升的部門。雷根說他增強軍力只是為重拾美國的「安全限度」（margin of safety），但此舉其實代表重建美國的戰略優勢——雷根等許多保守派人士始終不願意放掉的地位。

雷根政府是至少近二十年來俄羅斯所面對過最不友善的美國政府，俄羅斯的統治者看到雷根政府的好戰言詞和強勢行為，愈來愈不放心也就不足為奇。蘇聯防務官員和美國人一樣用心判斷其頭號對手的實力和意圖，並提防可能帶來的危險，擔心美國想要發展出足以在第一擊就擊毀蘇聯飛彈發射井和工業中心的潛在能力。一九八三年三月雷根公開他的戰略防衛倡議後，上述疑慮更加濃厚。雷根在公開演說中宣布，他會下令展開「全面且密集的努力」，發展飛彈防禦系統，以「找到降低核戰危險的辦法」。雷根描繪出不切實際的遠景，不必擔心核武攻擊的未來：「如果自由的人民能過上高枕無憂的日子，心知他們的安全並非倚恃美國為嚇阻蘇聯攻擊而祭出報復的威脅，心知我們能在戰略彈道飛彈打到我們或盟邦的領土之前就將其攔截並擊毀，那會是什麼樣的情況？」

大部分專家認為全面性飛彈防禦系統技術上不可行，但這項突發的倡議讓人擔心，將會出現最終能使目前當道的相互嚇阻結構無效、從而破壞蘇美戰略平衡穩定性之有限的防禦系統。連前國防部長麥納瑪拉這樣的專家都說，蘇聯人會認定美國要用戰略防衛倡議來取得第一擊的能力，並不難理解。的確有些蘇聯人就這麼認定。一九八二年十一月布里茲涅夫去世後，安德洛波夫出任蘇聯領導人。他激動說道，雷根政府在走「一條極危險的路」。格別烏頭子出身的安德洛波夫把戰略防衛倡議斥為「欲使蘇聯面對美國核威脅時毫無反擊能力之舉」。

一九八三年下半年，美蘇關係來到最低點。一九八三年九月一日，蘇聯防空設施擊落一架從阿拉斯加安克拉治起飛、前往首爾途中的韓國民航機。此客機不小心偏離航線，飛進俄羅斯領空而遭擊落，機上兩百六十九名乘客，包括六十一名美國人，全數罹難。隔天，雷根透過全國電視網將他所謂的「韓國民航機大屠殺」斥為全然沒道理的「反人類罪行」。他說那是「野蠻行徑，來自一個恣意漠視個人權利和人命價值的社會」。蘇聯方面沒道理的懷疑該機在執行情報偵刺飛行，蘇聯人也未對此慘劇表現出深深的懊悔，加上雷根政府言詞上的過激反應，進一步加劇雙方的緊張關係。當時健康狀況正迅速惡化的安德洛波夫，抱怨「離譜的軍國主義精神病」盛行於華府。然後，十一月上旬，北約開始照計畫展開軍事演習，規模之大令蘇聯情報專家大為驚恐，懷疑那或許是對蘇聯發動全規模核攻擊的序曲和掩護。克里姆林宮下令軍隊戒備，美國情報機關得知能發射核武的飛機已在東德空軍基地待命。蘇聯領導人的確相信雷根政府有能力發動先發制人的核戰。十二月，蘇聯代表退出尚在進行但大體上無成果的日內瓦武器管制談判，抗議晚近在西歐部署第一批美國潘興二式飛彈和巡弋核飛彈一事。十五年來頭一遭，美蘇談判人員不再於任何論壇上對話。

但儘管在言語和預算上恫嚇，雷根政府竭力避免與蘇聯直接軍事對峙。美國針對據認是蘇聯附庸國的大舉出兵只有一次，對象是小小的格瑞那達，時間是一九八三年十月。美國出動七千兵力入侵格瑞那達，以推翻不久前透過流血政變在這個加勒比海小島奪取政權的本土馬克思主義政權，解救了數十名據認陷入險境的美籍醫學系學生。美軍擊潰格瑞那達的六百兵力軍隊和六百三十六名古巴籍營造工人——在全美各地贏得公開讚許。但更體現雷根一貫的行事風格，且其冷戰戰略更重要的作為係加強對第三世界反共游擊隊的援助，以幫助他們對抗蘇聯所支持的政權，而且往往是暗中援助。美國利用本土反左派叛亂分子代其打仗——主要在阿富汗、尼加拉瓜、安哥拉、柬埔寨——以擊退邊陲地區的蘇聯勢力，展現了後來被稱作雷根主義的行動方針（圖9）。在一九八五年一月的國情咨文演說中，雷根宣布：「我們絕不可失信於那些從阿富汗到尼加拉瓜諸國，在每塊大陸上冒著生命危險反抗蘇聯所支持之侵略的人。」但撇開煞有其事的誇張言詞不談，美國致力於挑戰第三世界境內蘇聯所支持的政府一事，最讓人覺得饒有深意的地方之一，係雷根政府這麼做時，既不願做可能讓自己正規軍人員喪命的事，也不願冒與蘇聯直接衝突的危險。

圖9｜1979年阿富汗馬通（Matun）附近，阿富汗聖戰士叛軍與擄獲的蘇聯武器。

## 反向壓力

雷根政府以咄咄逼人的姿態打冷戰，不只招來緊張不安的蘇聯統治小集團反對，也受到來自西方內部的反對。北約主要盟邦不願跟著美國採取某些人看來過度好戰且極度危險的立場。史學家大衛・雷諾茲指出，「一九八〇年代上半出現一個一再出現的模式，即美國與蘇聯失和，也與其歐洲盟邦失和。」這時，核戰突然變得比先前將近一個世代以來更有可能成真，西歐和美國輿論對於核戰肯定會帶來的浩劫深表不安。盟邦和公眾的壓力讓雷根政府受到強烈的反向壓力，至一九八〇年代中期，已把雷根政府推回談判桌，即使那時戈巴契夫政權尚未出現，未能給雷根政府提供一個有心協商的談判對象。

大西洋同盟內部失和當然不是新鮮事。盟邦間的爭端，自創立之初就困擾北約——為去殖民化、蘇伊士、越南、分攤防務、諸多冷戰大戰略的問題而起爭端。但美國與歐洲夥伴衝突之激烈，在雷根第一任期間來到前所未有的程度。波蘭是特別麻煩的衝突根源。一九八一年十二月，沃伊切赫·賈魯塞斯基（Wojciech Jaruzelski）將軍所領導並得到蘇聯支持的波蘭政府，對不聽話的人民實施戒嚴，鎮壓獨立自主的非共黨工會「團結工聯」。雷根力促對莫斯科施以大範圍的制裁，以懲罰其對波蘭施以「暴虐之力」，但美國的歐洲盟邦不肯照辦，只輕度禁止向華沙政府發出新貸款。雷根政府裡的強硬派火大；私底下把歐洲人斥為沒有原則的姑息養奸者，說他們因可能危害其與東方集團有利可圖之貿易往來而不願採取行動。為逼盟邦有所作為，雷根政府以波蘭鎮壓團結工聯為藉口，破壞蘇聯與數個西歐國家間計畫好的天然氣管線協議，從而導致歐美之間更嚴重的利益衝突。

已有數個歐洲國家效法西德，同意協助建造一條三千五百英哩長的管線，把西伯利亞的遼闊天然氣田與西歐市場相連。這項耗資一百五十億美元的浩大管線工程，將降低歐洲對來自不穩定之中東的能源的依賴，同時強化東西方之間的貿易連結，為陷入衰退的歐洲提供亟需的工作機會。雷根擔心此管線若建成，美國某些最密切的盟邦會在經濟上過於依賴蘇聯，從而難以抵擋蘇聯的經濟勒索，於是在波蘭宣布戒嚴幾星期後，宣布禁止將美國的管線技術賣給蘇聯；數月後他下令凡是利用美國許可之技術或設備的歐洲公司，都必須撤回所有與管線相關的承包合同。法國外長忿忿指責美國「向其盟邦（打）經濟戰」，並警告這可能是「大西洋同盟結束的開始」。就連英國首相柴契爾夫人，美國最忠心的盟友和歐洲最反蘇的政治領袖，都對雷根的粗暴作風憤慨。「問題在於非常強大的國家是否能阻止既有的合同得到履行，」她說，「我認為這麼做不對」。

鑑於上述的激烈抗議，雷根政府軟化立場。一九八二年十一月，即經過六個月氣氛火爆的談判後，雷根政府揚棄其制裁政策。此事件讓華府決策者清楚看出西歐人極不願毀掉極受歡迎且有益經濟的歐蘇低盪。蘇美低盪已於一九七〇年代底垮掉，但歐蘇低盪勢頭未衰。一九八〇年代初期，已有將近五十萬個西德工作與對東方集團的貿易有關；此外，天然氣管線協議似乎是上天賜給依賴能源之西歐人的大禮。歐洲的外交官、政治人物、企業家都問道，只為了安撫一個最近重新開始賣穀物給蘇聯，以履行雷根向美國農民所許下之選戰承諾的盟邦，就放棄與蘇聯集團有利可圖的商業交易，有道理嗎？美國的虛偽，幾乎和美國的傲慢一樣，令歐洲人惱火。此外，歐洲的防務計畫人員未像大西洋彼岸的同僚那樣，從世界末日的角度看待蘇聯威脅。

在西歐部署新一代美國遠程彈道核飛彈，在大西洋兩岸引發最激烈爭議。此事不只使美國與某些歐洲國家政府針鋒相對，也使其中某些政府與自己人民相對立。問題始於一九七七年蘇聯在歐俄部署其機動陸基SS-20飛彈時，其中大部分飛彈以德國為目標。卡特政府最初提議以名叫中子彈的增強輻射武器反制蘇聯新部署的武器。一九七八年，卡特決定不部署引發爭議的中子彈，惹火已在抱怨美國不可靠的西德總理施密特（Helmut Schmidt）。就在蘇聯入侵阿富汗的兩週前，北約決定將五百七十二枚潘興二式和巡弋飛彈運送至德國、英國、義大利、比利時、荷蘭，就是源於中子彈部署未成。但這個決定並非絕對會施行，因為北約也承諾同時推動與蘇聯展開新的武器管制談判，以使歐洲境內遠程核武達到穩定的平衡——此即所謂的「雙軌」。但雷根公開表達對武器管制協議的鄙視，意味著繼續談判也幾乎百分之百談不出結果。

美國新核武即將部署於歐洲，加上蘇美關係顯著冷淡、白宮發出過激的反共言論，使公眾對核武競賽的憂心來到幾十年來最強烈的程度。於是，即將導入潘興二式和巡弋飛彈一事，協助引發一場遍及西歐、涵蓋社會多個群體的大規模反戰運動（圖10）。在西德，一九八〇年十一月由主要宗教、政治團體發出的「克雷費爾德呼籲」，不久就得到兩百五十多萬人聯署支持，其主要訴求：「我們所有人都有死於原子彈之虞——歐洲境

圖10｜1981年10月，布魯塞爾，反核示威。

內不要有原子武器。」一九八一年十月，數百萬歐洲人參加反對美國和蘇聯部署飛彈的群眾抗議。波昂、倫敦、羅馬的群眾集會分別吸引超過二十五萬名示威者。次月，五十萬人在阿姆斯特丹示威遊行，抗議規模之大為荷蘭史上之最。就在反戰遊行前不久，雷根回應記者的提問，無意間替反戰熱潮火上加油。他的回應——戰場上可能爆發核武交火，但未「因此導致兩大國任一方按下按鈕」——登上歐洲報紙頭版頭條，引發軒然大波——因為歐洲當然就是雷根隨口提及的那個「戰場」。一九八二年六月，這位美國總統訪問法國和西德時，迎來更大規模的群眾示威，包括波昂萊茵河畔三十五萬人平和的反核抗議集會，以及西柏林境內十多萬喧囂的群眾。西柏林的集會意在反抗當局禁止於雷根造訪期間示威的命令，結果引發大暴亂。一九八三年十月，在倫敦、羅馬、波昂、漢堡、維也納、布魯塞爾、海牙、斯德哥爾摩、巴黎、都柏林、哥本哈根等大城，更有數百萬歐洲人走上街頭，為阻止部署遠程核飛彈，付出波瀾壯闊但未能如願的最後努力。

歐洲反戰運動得到廣泛支持。從一九八三年初起，英國和西德的兩個主要反對黨——工黨和社會民主黨——都站出來反對部署潘興二式和巡弋飛彈。西歐各地的工會、教會、學生團體也投入反核運動。根據一九八二年的一項民調，北約主要成員國贊同反戰運動的比例，最低為五成五，最高達八成一。美國首席武器談判員保羅・尼策檢視過民調資料後，在某次國務院會議上坦承：「我們在歐洲有政治麻煩。」

雷根政府在國內也碰上政治麻煩，美國公眾日益意識到核戰危險，催生出越戰以來最大的反戰聯盟。一如在西歐，教會成為此運動的重要推手。具影響力的普世教會協會主張停止核武競賽，平常不涉入政治的美國羅馬天主教主教團亦然。一九八三年五月，主教團在長達一百五十頁的牧函中強調：「自創世紀以來，我們是第一代具有將上帝創造的萬物幾乎全毀之力量的人。」他們也直接駁斥政府政策，宣稱「必須摒棄對核優勢的追求」。醫界和科學界加入這場辯論，強調核戰所帶給人類的浩劫。有些科學家談到大型核衝突後會降臨的「核子冬天」，屆時地球溫度會劇降，低到使許多動植物滅絕。為說明對美國一般城市的衝擊，社會責任醫師組織[10]宣傳一枚百萬噸級核彈擊中波士頓中心區的後果：兩百多萬人死亡，市中心區夷平，週遭郊區遭核彈爆

10 編按：因關注核子武器測試、儲存與使用相關的公共危險，一群醫師於1961年在波士頓成立了「社會責任醫師組織」（Physicians for Social Responsibility），他們提出書面和口頭報告，製作和傳播出版物，接受媒體採訪，並提供專業培訓和公共教育，致力於保護公眾免受核擴散，氣候變化和環境毒素的威脅。

炸和隨之而來的輻射效應重創。《底特律自由報》在週日雜誌增刊中，以底特律為對象設想核彈攻擊後的情況，附上一篇相關報導說明隨之而來死亡、破壞的駭人程度。強納森・謝爾（Jonathan Schell）的暢銷書《地球的命運》（一九八二年），簡明扼要描述了核戰後令人不寒而慄的慘況。影響最大的是美國廣播公司（ABC）的電視影片《浩劫後》，生動地刻劃堪薩斯州勞倫斯市遭核攻擊後的慘況，收看過該節目的美國人多達一億。雷根憂心《浩劫後》的文化衝擊，立即要國務卿喬治・舒茲（George P. Shultz）上美國廣播公司節目，幫忙控管公眾的反應。

凍結核武運動在一九八二至一九八四年間達到巔峰，係美國民眾日益高漲的反核意識在政治上催生出的主要成果。一九八二年六月十二日紐約中央公園的示威，吸引近百萬人到場支持凍結兩個超強的核武庫。迄今這仍是美國歷史上最大規模的政治示威。這場運動在國會也得到強力支持。一九八三年五月四日，眾院以二七八票對一四九票的決定性表決結果，同意核武凍結決議。民意調查顯示這些年同意凍結核武運動的比例高達七成。根據一九八三年十二月的蓋洛普民調，四成七的美國人相信雷根增強軍力的作為已使美國「更接近戰爭」，而非「更接近和平」，不同意者只有兩成八。

為回應上述政治現實，雷根於一九八四年開始時刻意放軟語調。某些最親信的政治顧問已讓這位總統相信，對外政策議題可能是其在該年總統大選時的最大罩門，以較願修好的姿態和蘇聯打交道將有利於他連任。國務卿舒茲也力促與俄羅斯人再度交往。於是，在該年一月的一場重要演說中，雷根向莫斯科遞出橄欖枝，把一九八四年稱作「和平機會年」，宣布願意重啟談判。在這篇由雷根親擬之演說文的總結語中，這位總統生動扼要描述了兩國都渴望美蘇和平的兩對普通夫妻——「吉姆和莎莉」、「伊凡和安雅」。九月二十四日，選戰期間〔Box 8〕，雷根於聯合國大會上提議建立新的蘇美談判框架，此框架包含三個不同主題的核武談判：分別針對遠程核飛彈（INF）、戰略武器限制（START）、反衛星武器（ASAT）。

十一月總統大選，雷根大勝連任，不久，莫斯科同意根據該框架參與談判。安德洛波夫死後，已於一

**BOX 8**

## 熊出沒注意

1984年總統大選期間，雷根陣營推出的諸多電視廣告中有一則極令人難忘。廣告的主角是一隻身形龐然、令人害怕的棕熊，牠在森林裡橫衝直撞時，旁白鄭重解釋說：「森林中有頭熊。對某些人來說，這熊不難看到，但其他人根本沒看到。有人說這熊溫馴，其他人說牠很兇惡且危險。沒人敢打包票誰說的對，那麼，聰明的話，不是該使自己和熊一樣強壯——以防萬一有熊的話？」這則意有所指的廣告顯然在提醒選民，在行事難捉摸的俄羅斯熊仍在潛行覓食時，雷根不願卸下防備，以免危及國家安全。

九八四年二月當上共黨總書記的康斯坦丁・契爾年科（Constantin Chernenko）同意展開新談判。一九八五年三月開始談，但不久就停擺了，主要障礙係雷根夢寐以求的飛彈防禦計畫，仍然令蘇聯人覺得會破壞穩定、帶來危險。就在談判開始時，蘇聯內部出現對未來影響更大許多的新情勢：體弱多病的契爾年科上台才一年多就下台，取而代之者是作風大不相同的領導人。

## 戈巴契夫和冷戰結束

一九八五年三月戈巴契夫當上蘇共總書記，係冷戰最後階段最重要的轉捩點——加快冷戰結束和隨之而來蘇美關係徹底轉型的最重要因素。劃時代的裁武協議得以在一九八〇年代後期談成，要歸功於美蘇的諸多重大讓步，而這些讓步幾乎全出自五十四歲充滿活力的戈巴契夫。透過一連串全然出乎意料且往往單方面的主動示好和讓步，他成功改變了蘇美關係的整個走向，最終使四十五年來美國想方設法不讓其擴張主義意圖得逞的蘇聯不再是美國的敵人。沒有這個值得大書特書的人，一九八五至一九九〇年的驚人改變幾乎不可能出現。

戈巴契夫和其外長愛德華・謝瓦納茲（Eduard Shevardnadze）把國內改革和重振社會主義列為第一要務，

據此針對安全、核武、美蘇關係，提出令人耳目一新的看法。戈巴契夫和謝瓦納茲受到蘇聯境內不同於以往的知識界影響，把「新思惟」注入嚴肅沉悶的克里姆林宮領導階層和停擺的蘇美對話中；而廣泛接觸西方事務且與西方同儕有密切往來的蘇聯科學家、對外政策專家，係塑造此新知識界的推手。戈巴契夫和謝瓦納茲推斷軍備競賽會令蘇聯反受其害；完全無助於蘇聯的實際安全，同時又加重已然吃緊的經濟負擔。

戈巴契夫斷言，真正的安全，只能靠「政治手段」取得，靠軍事手段辦不到。他主張，任何「追求軍事優勢之舉，都是無謂的瞎忙」。蘇聯新領導階層深信凡是理智之人或國家都不會動用核武，也深信蘇聯所擁有的核武已足以自保，因此認為蘇聯對外政策的最高目標，應該是促成與美國一同裁減核武和傳統武器。他們認為如此將同時催生出較安全、較安穩的國際環境，騰出資源用於他們深陷沉疴的經濟體制早就該進行的內部改革。於是，戈巴契夫在國內力推改革（perestroika）、開放（glasnost），從一開始就與他決心中止與美國的軍備競賽、和決心斷然結束自低盪告終以來兩超強間有害的敵對關係密不可分。

深層的結構性因素也迫使戈巴契夫在冷戰對策上改弦更張。當上共黨總書記不久，戈巴契夫得知蘇聯把國內生產毛額的三成用於軍事支出，這非蘇聯所能負荷。莫斯科在東歐、阿富汗、越南、古巴、非洲之角涉入程度之大，遠超乎蘇聯國力所能支應，讓上述核心問題更加惡化。此外，蘇聯經濟成長率至一九七〇、八〇年代時已顯著下滑。一九七三年後油價暴漲，部分掩蓋了蘇聯的經濟困境，因為該國的硬通貨收入有八成來自能源出口。但至一九八〇年代中期，時已放緩的石油產量和油價的暴跌（光是一九八六年就暴跌69%），大大揭露了如此嚴重倚賴化石燃料之經濟體的固有弱點。這一經濟體未能滿足基本的民生需求，或許是蘇聯體制最醒目的缺點。同時，在赫爾辛基協議的推波助瀾下，人權意識和行動興起，侵蝕了蘇聯政府和其東歐衛星國政府的公權力和正當性。

相對的，戈巴契夫上台時，西方民主資本主義國家和日本的經濟正從七〇年代的挫折和危機中大幅復甦。在技術創新、電腦化、貿易一體化、全球化的催化下，資本主義讓世人見識到其遠比批評者所認為還要強上許多的韌性。西方與東方經濟表現的差距正急速拉大，而戈巴契夫對此有深切瞭解。

一九八五至一九九〇年間紛至沓來的一連串事件，令世界各地的政府決策者、對外政策專家、一般老百姓都看得目瞪口呆。但事後來看，這些劃時代的事件發生之前，已存在對安全、核武和國內需求的新思惟，這些事件的發生受到此新思惟制約，且戈巴契夫與美國、東歐、全世界打交道時，都有此新思惟在背後推動。整個冷戰時期反共立場最鮮明的美國領導人雷根，突然碰到一個對武器管制說贊成的速度比他說不贊成還要快、著手把莫斯科的對外政策「去意識形態化」、主動表示願意單方面在傳統武裝部隊議題上讓步、誓言將蘇聯部隊撤出阿富汗的蘇聯領導人。雷根的表現也甚值得肯定，先是願意節制、繼而揚棄其深深抱持的對共產主義邪惡本質的個人信念，從而使美蘇真正的修好得以發生。

兩人於一九八五至一九八八年會晤了五次，每一次高峰會後，彼此關係都比以往更加融洽。一九八五年十一月在日內瓦舉行旨在讓彼此熟悉的高峰會，實質成果甚少，但顯著改善了蘇美關係的氛圍，戈巴契夫說服雷根參加一場倉促安排的會議，地點在冰島雷克雅未克，時間是一九八六年十月。在那裡，這兩位領導人幾乎要達成消除所有彈道飛彈的決定。但最終，雷根堅持繼續搞他的戰略防衛倡議，戈巴契夫不得不收回他已提交討論的驚人提議。但雷克雅未克的挫折只是一時。不久，戈巴契夫不再堅持以美國放棄戰略防衛倡議作為武器管制談判有所進展的先決條件，著手接受美方談判人員一九八一年就提出的「清零選項」（zero option）——後來，美方續提「清零」，大抵把它當成宣傳花招，因為此議擺明有利於美方。

戈巴契夫的讓步促成「遠程核飛彈條約」的締結，雙方於一九八七年十二月華府高峰會上簽署此約。雷根在其公開講話中一再以開玩笑口吻提到他所謂的俄羅斯老格言：「doveryai no proveryai，即信任，但核實。」這位蘇聯統治者提出更崇高的願景，他聲言：「願一九八七年十二月八日成為銘記於史冊的日子，人類從此走出核戰風險日益升高、步入人類生活去軍事化的時期。」遠程核飛彈條約得到美國參院迅速批准，促成一千八百四十六件蘇聯核武器和八百四十六件美國核武器於三年內銷毀，美蘇雙方都允許對方派人至自己的核武場作仔細且前所未有的核查。原子時代以來頭一遭，真有一類核子武器不只受限制，而且遭消除。

一九八八年春天，雷根的莫斯科之行，對尚未停歇的蘇美關係轉型——以及對冷戰——影響更大。兩超強的領導人這時顯然互把對方視為友好的夥伴而非敵人。這位美國總統把兩國領導人稱作「老朋友」，甚至否認先前說過將蘇聯稱作邪惡帝國的話。有記者問他是否仍從這類角度看待蘇聯時，雷根答道：「沒有。此一時，彼一時。」離開莫斯科前，這個曾發表自冷戰伊始以來對蘇聯最不留情譴責的人，在公開談話中表達了「希望人類歷史走上新時代，走上我們國家之間和人民之間和平相處的時代。」（圖11）雷根和戈巴契夫友好漫步於紅場，這位美國總統在莫斯科國立大學巨大的列寧半身像前面，散發其招牌的慈祥魅力，向大學生講話。這些情景的確有力說明了已發生的驚人改變。

一九八八年十二月，戈巴契夫再度訪美（也是最後一次）會晤雷根，並與已當選總統但尚未就職的老布希

圖11｜1988年5月，莫斯科峰會期間，雷根與戈巴契夫在紅場。

會談——也是打量這個人的意向。訪美期間，戈巴契夫也在聯合國發表重要演說，在其中透露他打算單方面裁減蘇聯兵力五十萬。《紐約時報》在社論中以欽敬的口吻寫道：「或許自威爾遜一九一八年提出其十四點原則、或自羅斯福和邱吉爾一九四一年頒布大西洋憲章以來，從未有世界級人物闡述過昨天戈巴契夫在聯合國表述的那個願景。」美國國務卿舒茲數年後論道，「如果說有哪個人宣布冷戰結束，他在該演說中就作了如此的宣布。」

戈巴契夫的提議，促成蘇聯大幅裁減在東歐的駐軍，而且也和他一連串公開、私下的陳述一樣，表明克里姆林宮領導階層要揚棄所謂的布里茲涅夫主義——為了保住對每個華沙公約盟邦的牢牢掌控，若有必要，蘇聯會動武。隨著蘇聯放鬆其控制，東歐境內異議人士歡欣鼓舞，立場保守的老共產黨員則感到不安。接下來情勢急轉直下，人民民主革命拉下東歐每個共黨政權。這波改變以一九八九年中的波蘭為始，一度被禁的團結工聯上台掌權，而以該年年底羅馬尼亞的尼古拉·西奧塞古（Nicolae Ceauşescu）政權遭暴力推翻告終。十一月九日柏林圍牆開放，係舊秩序崩毀的最有力象徵。這道二十八英哩長的混凝土牆，不只象徵著德國前首都一分為二，也象徵著整個歐洲一分為二（圖12）。柏林圍牆垮

圖12｜1989年11月，柏林圍牆倒下。

掉，東西歐的分界也跟著消失。「完全拆除社會主義作為世界性的現象，仍在進行，至今未歇，」戈巴契夫的助手阿納托利・切爾納耶夫（Anatoly Chernayev）在其日記裡寫道。「而一個來自斯塔夫羅波爾的普通人啟動了這個過程。」眼看東歐共黨國家遭人民否定，老布希政府頗為明智的未表示歡欣鼓舞之情，令老布希政府欣喜的，戈巴契夫——那個來自斯塔夫羅波爾的普通人——任由此情勢發展，未出手制止。

從許多方面來看，拆除柏林圍牆和隨之而來東歐共黨政府、整個華沙公約同盟體系都從內部自行瓦解，意味著冷戰結束，意識形態較量就此告終。共產主義和蘇聯都不再對美國或其盟邦的安全構成嚴重威脅。許多觀察家據此將一九八九年稱作冷戰結束年。然而，那時有個極重要的問題仍未解決：德國的地位。當初正是這個重要且棘手的問題，促使蘇美在二戰剛結束時關係旋即決裂。

柏林圍牆一倒下，柯爾總理領導的西德政府就開始力促德國重新統一，這給克里姆林宮帶來一個戰略難題。戈巴契夫估算，蘇聯已不再需要靠保住東歐境內聽話的衛星政權來維護其國家安全。但德國是另一回事。自史達林當政時，分裂的德國就是蘇聯安全政策的核心要素之一。謝瓦納茲指出，「我們已為它付出很大代價，不大可能把它放掉。比起新的安全範圍觀，戰爭記憶更加舉足輕重。」但一九九〇年中期，戈巴契夫終究還是接受了德國統一乃勢所難免。這位蘇聯領導人不願用武力打斷看來幾乎抗拒不了的統一勢頭，從老布希保證德國會繼續被綁在西方安全體系裡的說法得到慰藉。戈巴契夫最擔心的事，係不受控制、剛有機會大展身手的德國成為俄羅斯未來的安全隱患——值得一提的，二戰期間和二戰之後史達林處理德國問題的手法，就出於同樣的憂心考量。但德國四十餘年的民主資歷，有助於消解這些憂心。這段和平、穩定、民主治理的經歷，加上美國堅決表示德國會繼續被綁在北約裡，而非不受北約節制獨立行事，都有助於化解戈巴契夫的不安。

到了一九九〇年夏，蘇、美、英、法、德已商定，兩德從此合併為一個主權國家，且繼續留在北約同盟裡。隨著德國國力從此完全為西方聯盟所用，美國官員最大的冷戰隱患之一——一個統一且親蘇的德國——隨之消失。於是，老布希的國家安全顧問布倫特·斯考克羅夫特（Brent Scowcroft）的精闢論斷——「冷戰結束於蘇聯人接受北約裡有個統一的德國時」——基本上似乎說的沒錯。一九九〇年，而非一九八九年，才是冷戰結束年。戈巴契夫發動改革，後來改革卻尾大不掉，非其所能控制。改革啟動的各股力量促成蘇聯在一九九一年解體。蘇聯解體本身的確是極重大的歷史事件，但就冷戰來說，卻是令人掃興的結尾。蘇聯消失時，冷戰已走入歷史。

蘇聯突然——且明顯平和的——步入歷史，震驚世上許多人，幾乎是每個密切關注國際事務者所始料未及。據英國學者亞當・羅伯茨（Adam Roberts）的說法，「一九八九至一九九一年『快得不可思議的轉變』，係世界史上最特別的大規模平和改變的事例。」

接下來整個一九九〇年代和二十一世紀頭幾年，俄美關係處於蜜月期，但不久就被重燃的猜疑和敵意取代。弗拉迪米爾・普丁（Vladimir Putin）於一九九九年十二月上台，以日益獨裁的手段統治俄羅斯。在這位俄羅斯強人統治下，莫斯科極力反對北約東擴，反對西方拉攏前蘇聯共和國，反對在其看來世上僅存唯一超強傲慢且高高在上的作風。二〇一四年俄羅斯併吞烏克蘭的克里米亞地區，招來西方嚴厲制裁。作為回應之一，普丁於美國二〇一六年總統大選期間主導祕密網路行動，欲打亂美國民主，提升其所中意之候選人川普的當選機率——川普最終勝出。

有些學者專家說新冷戰已開始。但儘管表面上與二戰後的超強衝突有類似之處，這類比站不住腳。目前的俄美對立沒有意識形態成分，而意識形態是冷戰對立的最重要元素。俄美都不再自認是在爭取世界人心；都不把彼此的較量視為涵蓋全球、不容其他民族國家中立的善惡不兩立式鬥爭。此外，如今美俄間的權力失衡遠甚於冷戰期間。普丁所統治的國家，其經濟實力只相當於義大利，不到往日冷戰對手的一成。隨著中國國力日增，隨著顯示世界日益多極化的跡象，俄美衝突或許還會繼續，但冷戰這個獨一無二的歷史時期不會再來。

# 名詞對照表

工人黨情報局 Communist Information Bureau，簡稱 Comiform
切爾納耶夫，阿納托利 Anatoly Chernayev
巴格達公約 Baghdad Pact
巴勒維，穆罕默德．薩禮 Mohammed Reza Pahlavi
巴莫 Ba Maw
巴蒂斯塔，富爾亨西奧 Fulgencio Batista
文安立 Odd Arne Westad
日丹諾夫，安德烈 Andrei Zhdanov
比多，喬治 Georges Bidault
加迪斯，約翰．劉易斯 John Lewis Gaddis
古斯曼，哈科沃．阿本斯 Jacobo Arbenz Guzman
史汀生，亨利 Henry Stimson
史密斯，加迪斯 Gaddis Smith
史普尼克 Sputnik
史蒂芬森，阿德萊 Adlai Stevenson
《外交事務》*Foreign Affairs*
尼克森，理查 Richard M. Nixon
尼策，保羅 Paul Nitze
尼赫魯，賈瓦哈拉爾 Jawaharlal Nehru
布加勒斯特 Bucharest
布里辛斯基，茲比格涅夫 Zbigniew Brezinski
布里茲涅夫 Leonid Ilyich Brezhnev
布里茲涅夫主義 Brezhnev Doctrine
布拉克，尤金 Eugene Black
布雷斯勞 Breslau
布魯塞爾條約 Brussels Pact
布蘭特，威利 Willy Brandt
瓦倫提，傑克 Jack Valenti
伊朗人民黨 Tudeh Party
伊斯特里亞 Istria
全國福音派協會 National Association of Evangelicals
吉爾伯特，詹姆斯 James Gilbert
因弗恰普勛爵 Lord Inverchapel
《地球的命運》*The Fate of the Earth*

多勃雷寧，阿納托利 Anatoly Dobrynin
安哥拉人民解放運動 Movement for the Popular Liberation of Angola
安德洛波夫，尤里 Yuri Andropov
艾奇遜，迪恩 Dean Acheson
艾爾－沙達特 Anwar el-Sadat
艾德諾，康拉德 Konrad Hermann Joseph Adenauer
艾德禮，克萊曼 Clement Attlee
西里西亞 Silesia
西奧塞古，尼古拉 Nicolae Ceaușescu
伯恩斯，詹姆斯 James F. Byrnes
但澤 Danzig
何梅尼 Ayatollah Ruhollah Khomeini
克雷費爾德呼籲 Krefeld Appeal
利沃夫 Lvov
希斯，阿爾格 Alger Hiss
杜布切克，亞歷山大 Alexander Dubček
杜勒斯，約翰·福斯特 John Foster Dulles
沙卡洛夫，安德烈 Andrei Sakharov
狄托，約瑟普·布羅茲 Joseph Broz Tito
貝文，厄尼斯特 Ernest Bevin
亞斯文大壩 Aswan Dam
佩恰特諾夫，弗拉基米爾 Vladimir O. Pechatnov
佩特森，托馬斯 Thomas G. Paterson
《底特律自由報》*Detroit Free Press*
的里雅斯特 Trieste
肯楠，喬治 George F. Kennan
契爾年科，康斯坦丁 Constantin Chernenko
施密特，赫爾穆特 Helmut Schmidt
柯恩，華倫 Warren I. Cohen
柯錫金，阿列克謝 Alexei Kosygin
柯爾 Helmut Kohl
洛伊德，塞爾溫 Selwyn Lloyd
美國羅馬天主教主教團 Roman Catholic Bishops of the United States
范錫，賽勒斯 Cyrus R. Vance
倫德斯塔德，蓋爾 Geir Lundestad
哥穆爾卡，瓦迪斯瓦夫 Wladyslaw Gomulka
席勒，威廉 William Shirer
庫茲尼克，彼得 Peter J. Kuznick
庫茲涅佐夫，瓦西里 Vassily Kuznetsov

恩克魯瑪，夸梅 Kwame Nkrumah
恩格曼，大衛 David C. Engerman
格拉斯博羅 Glassboro
格魯，約瑟夫 Joseph Grew
桑定民族解放陣線 Sandinistas
《浩劫後》*The Day After*
海因里希，瓦爾多 Waldo Heinrichs
海格，亞歷山大 Alexander M. Haig
烏爾布里希特，瓦爾特 Walter Ulbricht
班迪，麥喬治 McGeorge Bundy
納吉，伊姆雷 Imre Nagy
納瑟，賈邁，阿布杜 Gamal Abdel Nasser
馬埃斯特拉山 Sierra Maestra
馬庫森，安 Ann Markusen
馬薩里克，揚 Jan Masaryk
勒弗勒，梅爾文 Melvyn P. Leffler
符拉迪沃斯托克 Vladivostok
莫洛托夫 V.M. Molotov
連恩，亞瑟·布利斯 Arthur Bliss Lane
麥卡錫，約瑟夫 Joseph McCarthy
麥克米蘭，哈羅德 Harold Macmillan
麥納馬拉，羅伯特 Robert S. McNamara
傑克遜，亨利 Henry Jackson
傑維斯，羅伯特 Robert Jervis
博倫，查爾斯 Charles Bohlen
富爾頓 Fulton
惠特菲爾德，史蒂芬 Stephen J. Whitfield
斯考克羅夫特，布倫特 Brent Scowcroft
斯貝爾曼，法蘭西斯 Francis Cardinal Spellman
斯塔夫羅波爾 Stavropol
斯德丁 Stettin
普丁，弗拉迪米爾 Vladimir Putin
普世教會協會 World Council of Churches
舒茲，喬治 George P. Shultz
越南獨立同盟會／越盟 Viet Minh
奧德河 Oder River
楊，約翰 John Young
葛理翰，比利 Billy Graham
葛羅米柯，安德烈 Andrei Gromyko
賈魯塞斯基，沃伊切赫 Wojciech Jaruzelski
雷諾茲，大衛 David Reynolds
團結工聯 Solidarity
維斯圖拉河 Vistula River

維爾納 Vilna
赫西，約翰 John Hershey
赫爾，柯德爾 Cordell Hull
赫爾辛基最終法案 Helsinki Final Act
遠程核飛彈條約 Intermediate Nuclear Forces Treaty
摩薩台，穆罕默德 Mohammed Mossadeq
歐加登半島 Ogaden
歐洲安全合作會議 Conference on Security and Cooperation in Europe
魯皮珀爾，赫爾曼－約瑟夫 Herman-Josef Rupieper
魯斯克，狄恩 Dean Rusk
戰略防衛倡議 Strategic Defense Initiative
盧蒙巴，帕特里斯 Patrice Lumunba
穆布托，約瑟夫 Joseph Mubuto
霍布斯邦，艾瑞克 Eric Hobsbawm
霍普金斯，哈里 Harry Hopkins
鮑爾斯，法蘭西斯·蓋里 Francis Gary Powers
戴高樂，夏爾 Charles de Gaulle
聯合水果公司 United Fruit Company
謝瓦納茲，愛德華 Eduard Shevardnadze
謝爾，強納森 Jonathan Schell
薩金特，丹尼爾 Daniel J. Sargent
羅伯茨，亞當 Adam Roberts
蘇慕薩，安納斯塔西奧 Anastasio Somoza Debayle

# 延伸閱讀

很多書出色地涵蓋了整個冷戰，特別推薦有：Odd Arne Westad, *The Cold War: A World History* (New York, 2017); John Lewis Gaddis, *The Cold War: A New History* (New York, 2005); Campbell Craig and Fredrik Logevall, *America's Cold War: The Politics of Insecurity* (Cambridge, Mass., 2009); David S. Painter, *The Cold War: An International History* (London, 1999); S. J. Ball, *The Cold War: An International History, 1947-1991* (London, 1998); Carole K. Fink, *Cold War: An International History* (2nd edn, New York, 2018); Richard J. Crockatt, *The Fifty Years War: The United States and the Soviet Union in World Politics, 1941-1991* (London, 1995); Walter LaFeber, *America, Russia, and the Cold War, 1945-2000*, 9th edn (New York, 2002); Ronald E. Powaski, *The Cold War: The United States and the Soviet Union, 1917-1991* (New York, 1998); Geoffrey Roberts, *The Soviet Union in World Politics: Coexistence, Revolution and Cold War, 1945-1991* (London, 1999); Har Thomas J. McCormick, *America's Half-Century: United States Foreign Policy in the Cold War* (Baltimore, 1989); Warren I. Cohen, *Challenges to American Primacy, 1945 to the Present* (New York, 2013); and H. W. Brands, *The Devil We Knew: Americans and the Cold War* (New York, 1993).

利用新的檔案來源重新詮釋冷戰前半葉的重要著作包括：Vladislav Zubok and Constantine Pleshakov, *Inside the Kremlin's Cold War: From*

*Stalin to Khrushchev* (Cambridge, Mass., 1996) and John Lewis Gaddis, *We Now Know: Rethinking Cold War History* (Oxford, 1997). 有用的合輯有：Odd Arne Westad (ed.), *Reviewing the Cold War: Approaches, Interpretations, Theory* (London, 2000) and Richard H. Immerman and Petra Goedde (eds), *The Oxford Handbook of the Cold War* (Oxford, 2013). 不可或缺的彙編，集結72位專家撰寫的原創文章，涵蓋冷戰幾乎各個面向的是 Melvyn P. Leffler and Odd Arne Westad (ed.), *The Cambridge History of the Cold War* (3 vols, Cambridge, 2010)

## 第一章——第二次世界大戰和舊秩序崩毀

Melvyn P. Leffler, *The Specter of Communism: The United States and the Origins of the Cold War, 1917-1953* (New York, 1994).

Melvyn P. Leffler and Odd Arne Westad, *The Cambridge History of the Cold War*, vol. 1, *Origins* (Cambridge, 2010).

Vojtech Mastny, *The Cold War and Soviet Insecurity: The Stalin Years* (New York, 1996).

Williamson Murray and Allan R. Millett, *A War to Be Won: Fighting the Second World War* (Cambridge, Mass., 2000).

Thomas G. Paterson, *On Every Front: The Making and Unmaking of the Cold War* (New York, 1992).

Christopher Thorne, *The Issue of War: States, Societies, and the Far Eastern Conflict of 1941-1945* (New York, 1985).

Dimitri Volkogonov, *Stalin* (New York, 1991).

## 第二章——冷戰在歐洲的起源，1945–1950年

Carolyn Eisenberg, *Drawing the Line: The American Decision to Divide Germany, 1944-1949* (New York, 1996).

Michael J. Hogan, *The Marshall Plan: America, Britain, and the Reconstruc-*

*tion of Western Europe, 1947-1952* (New York, 1987).

Melvyn P. Leffler, *A Preponderance of Power: National Security, the Truman Administration, and the Cold War* (Stanford, Calif., 1992).

Eduard Mark, 'Revolution by Degrees: Stalin's National-Front Strategy for Europe, 1941-1947, Cold War International History Project Working Paper #31 (2001).

Marc Trachtenberg, *A Constructed Peace: The Making of the European Settlement, 1945-1963* (Princeton, 1999).

Daniel Yergin, *Shattered Peace: The Origins of the Cold War and the National Security State* (Boston, 1978).

### 第三章——亞洲走向「熱戰」，1945–1950年

William S. Borden, *The Pacific Alliance: United States Foreign Economic Policy and Japanese Trade Recovery, 1947-1955* (Madison, Wis., 1984).

Bruce Cumings, *The Origins of the Korean War* (2 vols, Princeton, 1981 and 1990).

John W. Dower, *Embracing Defeat: Japan in the Wake of World War II* (New York, 1999).

Sergei N. Goncharov, John W. Lewis, and Xue Litai, *Uncertain Partners: Stalin, Mao, and the Korean War* (Stanford, Calif., 1993).

Chen Jian, *Mao's China and the Cold War* (Chapel Hill, NC, 2001).

Robert J. McMahon, *The Limits of Empire: The United States and Southeast Asia since World War II* (New York, 1999).

Michael Schaller, *The American Occupation of Japan: The Origins of the Cold War in Asia* (New York, 1985).

William Stueck, *The Korean War: An International History* (Princeton, 1995).

第四章——全球冷戰：1950–1958年

Gordon H. Chang, *Friends and Enemies: The United States, China, and the Soviet Union, 1948-1972* (Stanford, Calif., 1990).

Saki Dockrill, *Eisenhower's New Look National Security Policy, 1953-61* (London, 1996).

Steven Z. Freiberger, *Dawn over Suez: The Rise of American Power in the Middle East* (Chicago, 1992).

Richard H. Immerman, *John Foster Dulles* (Wilmington, Del., 1999).

Wm Roger Louis and Roger Owen (eds), *Suez 1956: The Crisis and its Consequences* (New York, 1989).

Stephen G. Rabe, *Eisenhower and Latin America* (Chapel Hill, NC, 1988).

William Taubman, *Khrushchev: The Man and his Era* (New York, 2003).

Odd Arne Westad, *The Global Cold War* (Cambridge, 2007).

第五章——從對峙到緩和，1958–1968年

Pierre Asselin, *Vietnam's American War: A History* (Cambridge, 2018).

Lawrence Freedman, *Kennedy's Wars: Berlin, Cuba, Laos, and Vietnam* (New York, 2000).

Aleksandr Fursenko and Timothy Naftali, *'One Hell of a Gamble': Khrushchev, Castro, and Kennedy, 1958-1964* (New York, 1997).

Fredrik Logevall, *Choosing War: The Lost Chance for Peace and the Escalation of the War in Vietnam* (Berkeley, 1999).

Thomas G. Paterson (ed.), *Kennedy's Search for Victory* (New York, 1989).

Robert B. Rakove, *Kennedy, Johnson, and the Nonaligned World* (New York, 2013).

Qiang Zhai, *China and the Vietnam Wars, 1950-1975* (Chapel Hill, NC, 2000).

## 第六章——本土冷戰

Thomas Borstelmann, *The Cold War and the Color Line: American Race Relations in the Global Arena* (Cambridge, Mass., 2001).

Tony Judt, *Postwar: A History of Europe Since 1945* (New York, 2005).

Peter J. Kuznick and James Gilbert (eds), *Rethinking Cold War Culture* (Washington, 2001).

Robert J. McMahon, *The Cold War on the Periphery: The United States, India, and Pakistan* (New York, 1994).

David Reynolds, *One World Divisible: A Global History since 1945* (New York, 2000).

Michael S. Sherry, *In the Shadow of War: The United States since the 1930s* (New Haven, 1995).

Stephen J. Whitfield, *The Culture of the Cold War* (Baltimore, 1991).

John Young, *Cold War Europe, 1945-89: A Political History* (London, 1991).

## 第七章——超級強權低盪階段的開始與結束，1968–1979年

Thomas Borstelmann, *The 1970s: A New Global History from Civil Rights to Economic Inequality* (Princeton, 2012).

H. W. Brands, *Since Vietnam: The United States in World Affairs, 1973-1995* (New York, 1996).

John Lewis Gaddis, *Strategies of Containment: A Critical Appraisal of Postwar American National Security Policy* (New York, 1982).

Raymond L. Garthoff, *Detente and Confrontation: American-Soviet Relations from Nixon to Reagan* (Washington, 1985).

Henry Kissinger, *White House Years* (Boston, 1979). 168

David Reynolds, *One World Divisible: A Global History since 1945* (New York, 2000).

Daniel J. Sargent, *A Superpower Transformed: The Remaking of American*

*Foreign Relations in the 1970s* (New York, 2015).
Gaddis Smith, *Morality, Reason, and Power: American Diplomacy in the Carter Years* (New York, 1986).
Odd Arne Westad (ed.), *The Fall of Detente: Soviet-American Relations during the Carter Years* (Oslo, 1997).

## 第八章——最後階段，1980-1990年

Hal Brands, *Making the Unipolar Moment: US Foreign Policy and the Rise of the Post-Cold War Order* (New York, 2016).
David Cortright, *Peace Works: The Citizen's Role in Ending the Cold War* (Boulder, Colo., 1993).
Robert D. English, *Russia and the Idea of the West: Gorbachev, Intellectuals, and the End of the Cold War* (New York, 2000).
Matthew Evangelista, *Unarmed Forces: The Transnational Movement to End the Cold War* (Ithaca, NY, 1999).
Raymond L. Garthoff, *The Great Transition: American-Soviet Relations and the End of the Cold War* (Washington, 1994).
Melvyn P. Leffler, *For the Soul of Mankind: The United States, the Soviet Union, and the Cold War* (New York, 2007).
Mary Elise Sarotte, *1989: The Struggle to Create Post-Cold War Europe* (Princeton, 2009).
George P. Shultz, *Turmoil and Triumph: My Years as Secretary of State* (New York, 1993).
James Graham Wilson, *The Triumph of Improvisation: Gorbachev's Adaptability, Reagan's Engagement, and the End of the Cold War* (Ithaca, NY, 2014).

左岸歷史　399

冷戰 牛津非常短講018

Cold War A Very Short Introduction

作　　者　羅伯特．麥馬洪（Robert J. McMahon）
譯　　者　黃中憲
總 編 輯　黃秀如
責任編輯　林巧玲
特約編輯　劉佳奇
行銷企劃　蔡竣宇
封面設計　日央設計

出　　版　左岸文化／左岸文化事業有限公司
發　　行　遠足文化事業股份有限公司（讀書共和國出版集團）
　　　　　231新北市新店區民權路108-2號9樓
電　　話　（02）2218-1417
傳　　真　（02）2218-8057
客服專線　0800-221-029
E-Mail　rivegauche2002@gmail.com
左岸臉書　facebook.com/RiveGauchePublishingHouse
法律顧問　華洋法律事務所　蘇文生律師
印　　刷　呈靖彩藝有限公司
初版一刷　2025年6月

定　　價　400元
I S B N　978-626-7462-66-9（平裝）
　　　　　978-626-7462-68-3（EPUB）


冷戰：牛津非常短講. 18／
羅伯特．麥馬洪（Robert J. McMahon）著；黃中憲譯.
－初版.－新北市：左岸文化：遠足文化事業股份有限公司發行，2025.06
　面；　公分.（左岸歷史；399）
譯自：Cold War : a very short introduction
ISBN 978-626-7462-66-9（平裝）
1.CST: 冷戰 2.CST: 世界史
712.85　　　　114005360